Breaking the Death Habit

不死の探求

―死という習慣を打ち破る―

レナード・オァー 著　秋津一夫 訳

ナチュラルスピリット

Breaking the Death Habit
The Science of Everlasting Life
by Leonard Orr
edited by Kathy Glass

まえがき

この本は、悟りと健康を手に入れるための基本的な考え方や方法を、実践的に論じたものです。人が不死身になるためのごく基礎的な方法を紹介したのですが、それは本物の不死身のヨギから習ったものです。同じ方法は、明白に説明されているわけではないかもしれないのですが、聖書をはじめとする偉大な聖典の数々でも言及されています。たとえば、エリヤは聖書においては火のマスターとされます。しかしながら、火の浄化の理論や火が持つ霊力については、彼はいっさい語っていません。身体の不死と個人の悟りが実現される新しい時代に、私たちは移行しつつあると私は信じています。それは、みずからの人間性を忘れない、聖なる人間の時代です。人類の歴史の舞台裏で、神は体系的に働いてきました。彼あるいは彼女は科学と技術の神であり、また宗教の神や国際連合の神でさえありますす。そうでないならば、それは神などではありません。世界中の政府は、人々を啓蒙しようとする神の意志を行なっているのです。それは緩やかな過程なので、見る目のない者には見えないだけです。

不死を実現するための有効な道具を、神は私たちに与えてくれています。けれども、教会ばかりでなく教育、科学、ビジネス、政府などが持つ古臭い定説、哲学、信念などが障害となっています。同じ身体で三百年以上を生き抜いた不死の八人のヨギに会い、調査したあと、私は彼らが不死身となった共通の理由を抽出しました。その原理を本書で紹介しますが、どれも簡単に、楽しく実行できるものです。もし不死身になる道が楽しくなかったならば、**創造者**は永遠の苦しみや不幸を強いるサディストであることになってしまうでしょう。だが、不死身になるための霊的な行法はあまりにも簡単であるために、かえって見過ごされがちです。それが、死がこれほど蔓延している理由なのです。

不死身になることの難しさは、生活費を稼ぎ、家族を支えるのと同じ程度のものにすぎません。子どもを育て、大学までの学費を払うには、ある程度の知力や忍耐力をもって、集中したり修養を積んだりしなければなりません。不死身のヨギになるのはそれより簡単かもしれないが、やはり意識の集中と、正しい生活習慣の持続は必要です。私に言わせればそれは、元気でいるための生活習慣を身につけること、そして楽しみに規律を持たせることです。その中身については、本書の中で紹介しましょう。

私が最も主張したいのは、死の克服は実現可能だということです。私が出会った不死身のヨギたちみなが使っていた霊的浄化法を、本書では西洋文明の概念を用いて説明します。私たちの文明は生命エネルギーをしぼり取り、私たちを殺す可能性もありますし、私たちが快適に、楽しく、永遠に暮らすのを助けることもできます。どちらになるかは、あなたにかかっています！　あなたは意識を命や悟りに向けることもできれば、敗北や死に向けることもできます。そして、身体の不死や悟りに意識を向ける人が増えれば増えるほど、ほかのみなさんが同じ選択をするのも、間違いなくやさしくなるのです。不死身のヨギの中には長年にわたって社会に参加している人もいますが、やはり彼らにとっても、たとえばヒマラヤの小さな理解ある人々のコミュニティーで暮らすほうが、はるかにやさしいのです。小さな町であれ大都会であれ、肉体の不死や個人の悟りについての対話に住民全員を引き込めれば、あなたの生存は知的な面であと押しされることになります。しかし、不死身になるよう全員を説得することなど必要ありませんし、おそらく不可能でしょう。死にたいと思う人もいますし、それは当然の権利でもあります。誰もが生きるか、死ぬかの選択をする権利を持っているのです。しかしながら、もしこの本に書かれている情報を知らなければ、意義ある選択はできません。

ほとんどの人は死の衝動や死の意識に浸りきっているため、不死身のヨギや、みずからの隠れた神性などには気を配っていられません。そして残念なことに、大衆が抱く死の衝動は、災害を引き起こす傾向にあるのです。よって、隣人や国民の健康のためにあなたにできる最善のことは、肉体の不死や意識的な霊的浄化の概念をマスターし、広めることです。霊的浄化は意識して行なわないと、無意識のうちに神が行なってしまいます。つまり肉体の死とは、どのような形を取るにせよ、無意識的な浄化なのです。

新しい千年紀が、私たちに完全なる悟りと長寿をもたらさんことを！

レナード・オァー

目　次

序文

1　最初の出会い

一九七九年、人生にレナード・オァーがあらわれてからというもの、私の人生はまったく変わってしまいました。レナードは人に衝撃を与えます。彼には現実を変える力があります。それほどの誠実さを持たずに彼と関わったとしても、あなたは同じではいられないでしょう。彼の前に立つと、彼ほどには純粋でないものが湧きあがってきて、それを告白しないではいられなくなるのです。

そして、この本を読むこと自体、彼との関わりを持つことです。

私たちが最初に出会った運命の晩、私は二人の友人と「マネー・セミナー」なるものに行ったのでした。それは、レナードの伝説的な誕生再体験《リバーシング》センターである、サンフランシスコのシータハウスで開催されました。ゴールデンゲート・パークの入り口部分をなすパンハンドルの向かい側、ライアンストリート三〇一番地の古いヴィクトリア調の建物には、広い屋根裏部屋にいたる通路がありました。七〇年代後半にはレナードはなかなかの人気者で、立ち見専用の会場には少なくとも八十人が集まっていました。

参加者はみな「繁栄意識の参考書」（*The Prosperity Consciousness Consultation*）という、レナードの奇妙なパンフレットを渡されました。このセミナーの中身は、パンフレットに書かれたエッセイを、参加者が大声で読み上げるというものでした。そのあとで、概念についての討論や質疑応答が行なわれました。セミナーのあいだ、レナードはほとんど、にやにや笑いながら前に座っていました。そして驚いたことに、終わりごろになって彼はもう一度、自分にお金を払う機会を参加者に与えたのでした。金額は一ドルから百ドルまでのいずれでもかまわないというのです。参加者は屋根裏部屋への入場料としてすでに十五ドルを払っているのだから、さらにまたお金を払おうとするなど正気とは思えませんでした。しかしながら、レナードにお金を払う栄誉にあずかるために、人々が文字どおり列をなしたのを、私は呆然とながめることになりました。

いっぽうのレナードは、剃り上げたばかりの坊主頭で、全体にたくさんのドル・マークがついた緑色のセーターを着ていました（本当の話です）。後に知ったことですが、髪を剃ることは――それは、意識的に行なわなければなりませんが――ババジから直接に伝授された霊的浄化のテクニックだったのです。あなたのクラウン・チャクラは、髪の毛に刻み込まれたプログラムの影響をたえず受けています。だから、髪を剃れば、そうした古い影響を受けずにすむのです。

レナードは座ったままで微笑んでおり、一人ずつ、順番に応援していきました。

二度目にレナードの話を聞きに行ったとき、私は「寄付」をする準備をしていました。理由はわかりません――たぶん、そのときどのような感じがするかを知りたかっただけでしょう。だから、私は二十五ドルを持って行きました。十五ドルは入場料として、あとの十ドルはレナードに渡すためです。長い付き合いのイラも連れて行きました。そして、セミナーが討論に移る前に、私は彼女に十ドル貸してくれないかと頼みました。突然に、レナードに十ドルではなく二十ドル払いたいという不条理な願望にかられたのです。きっと、どうかしていると思ったに違いないのですが、しかし、不承不承ながらもイラは財布から十ドルを取り出してくれました。

その時がきて、私は二枚の十ドル札を持って列に並びました。一九七九年当時、私にとっては大金でした――入り口で払った十五ドルを足せば、三十五ドルにもなります。しかし、ずっと前に、資産を蓄積するよりも気ままな生活を送るほうが自分にとって意味がある、と私は気づいていたのでした。前者が楽しくないことや退屈なことをする生き方を意味するのならば、なおさらです。アカスギの古木の森や太平洋の海原のそばで過ごす一日は、働いているよりも（少なくとも霊的には）豊かでした。レナードが後に指摘したように、そのときの私は条件づけによる動機から神聖な動機への移行期にあったのでした。

すなわち他者の指示に従い、またお金によって強化される自動装置の状態から、自分自身の意志や真の本性の表現をするために働く状態へと移りつつあったのです。

レナードはそのときもドル・マークのついた緑のセーターを着ており、頭は剃りたてでした。列に並んでいるとき、疑いがこみあげてきたのを私は感じました。「これはばかげている。自分は何をしているんだろう」と。

そうこうするうちに、私が払う番になりました。恥ずかしさ、ばかばかしさ、おびえ、気味の悪さ、恐ろしさなど、私はありとあらゆる感情を抱きました。レナードの顔をほとんどまともに見られなかったのですが、二十ドルを渡すことはなんとかできました。彼は座って、微笑んでいるばかりでした。


レナードはさまざまなやり方で、あなたの現実認識をこなごなに打ち砕く力を持っています。後に私は、レナードが集団の相乗効果《グループ・シナジー》の達人であることを知りました。彼自身が説明しているように、二人以上が集まれば、エネルギーの交換が行なわれます。もし相手のほうがより意識的であるならば、あなたが感じるのは自分の内面にわきあがる恐怖や限界といったエネルギーです。相手とただ「一緒にいられる」ようになったとき、その人の存在と結びついた特定の恐れの数々をあなたは体験し、統合したことになります。

お金の儀式は、この過程の一部でした。つまり、「グルの意識」とでも呼ぶべきものへ私を導き入れるために、レナードが行なったセレモニーだったのです。

2　リバーシング

心と呼吸は、人間の意識の王と女王です。　――レナード・オァー

パンハンドルでレナードと出会った晩、私はただ、お金についての話を聞きに行ったのです。しかし、その晩、彼は呼吸について語ることからはじめました。私はとまどいました。「呼吸だって？　いったい何の関係があるんだ。私は自分の経済状態を改善するために来たんだ――さっさとすませてくれ」という具合に。けれどもあとになって、この呼吸が「あらゆる面で」関係していることに気づいたのです！　でも、そのときにはまったくわかりませんでした――自分は呼吸の仕方などわかっていると思っていましたし、ほかのみなも知っていると踏んでいました。

その晩のあと、レナードは一九八〇年の三月から、一年間のプログラムをはじめると発表しました。このプログラムの目的は、誕生再体験《リバーサー》のヘルパーとセミナーリーダーを養成することでした。月にたったの千ドルを払えば、レナードの指導を直接受ける栄誉にあずかれるというわけです。

私は彼に二十ドル払うのがやっとでした――千ドルも、どうやって払えばよいというのだろうか、と悩みました。しかしもちろん、結局はこのプログラムに参加しました。

実際にやってみたところ、リバーシングは私が学んできたなかで、まさに最も重要なものでした。それは――少なくとも、私が直観するところでは――古代の技術です。『霊に従って生まれ直す』

（*Rebirthing According to Spirit*）と題された本の中で、チャネリングされた聖母マリアは、「数千年前、イエスが地球にあらわれるよりさらに前の時代に、……エッセネ派の人たちがリバーシングを行なっていた方法」について言及しています。また別の存在はチャネリングによって、次のように付け加えています。「トートとして知られるのはアトランティス民族のバイブレーションそのものだが、リバーシングの全過程を知らしめ、あるいは物質の形式にもたらした指導霊の一人である」と。

けれども、レナード・オァーは現代のリバーシング創始者です。彼がこの役割を担えたのは、二つの根本的な理由があるからです。第一の理由は、彼が想像しうる限り最も困難な誕生を経験したことにあります。第二の理由は、彼がその経験を被害者としての視点からは捉えておらず、人生の基本条件を変える機会とみなしていることにあります。

レナードは言います。

私の母は最初の三人の子ども——みな、女ですが——をほぼ十八ヵ月おきに産みました。そして、もう子どもは産まないと決心しました。けれども、彼女はさらに三人を産んでしまいました——私がその最後の子でした。母が子どもを産まないと決心してから十二年目の、望まれない子どもだったのです。

リバーシングを通して、私は多くのことを思い出しました。母の子宮に入ったとき、物質的宇宙にまた戻れることに興奮していたことを思い出しました。しかし、自分が招かれざる客であることを知ったとき、喜びは悩みへと一変しました。妊娠二、三ヵ月になって、私がお腹にいることに気づいた母はたいへん動揺しました。それが、この人生での私の悲劇のはじまりでした。後に、母を喜ばせる唯一の方法は自分が消えること――つまり、自殺すること――だという結論に私は達しました。そして、へその緒で自分の首を絞めようとしたのです。だが、うまくいきませんでした。私は逆子《さかご》で、へその緒が三重に首に巻きついていたし、生まれてくるときにはほとんど死にかけた状態になっていました。しかし、実際に死にはしませんでした。私の首はあまりにもきつく絞められていたので、医者は私の足を持ち、へその緒を切れるところまで引っ張り出しました。それから、私を中に押し戻し、向きを反転させて、鉗子を使って引き出してくれたのです。リバーシングによるヒーリングの過程で、私は子宮内での生活や、誕生、幼児期などについて、多くのことを思い出しました。家族に歓迎されていないと感じていましたし、今にいたるまでほとんどそう感じてきたということを……。

私が生まれるまでには長い時間がかかりました。苦しかったのを覚えています。また、脚をひろげているのを母が恥ずかしく思っていたことも覚えています。一九七七年のあるとき、首にヒモ状の発疹が三つ重なってあらわれたことがありましたが、それはへその緒の身体的記憶でした。

自分の誕生の記憶を取り戻した結果、レナード・オァーは十三年にわたってリバーシングを発達させつづけました。一九六二年からは、フラッシュバックを経験するようになります。突然に、バスタブから出られなくなりました。起き上がる力を取り戻すまで、彼は二時間も風呂の中にいたといいます。一九六二年から一九七五年にかけて、レナードは数多くのリバーシングを体験しているが、そのうち最も劇的なものの一つは一九七三年に起きました。ひどく頭が痛くなったので、彼は直観的に四つんばいになり、床に触れるほどに頭を低く垂らすことにしたのでした。すると、誕生の記憶が全身に強くよみがえり、たちどころに痛みは消えました。レナード自身はこう言っています。

一九七四年、私は霊的心理学セミナーを開いていました。そこで、私は誕生の記憶について語りましたが、ほとんどの参加者も誕生の記憶を取り戻したいと希望しました。私はバスタブに入り、座っていなさいと言いました。もう出るべきだと感じたら、それからさらに三十分から一時間はバスタブにとどまっているべきだとも言いました。出なければならないという思いはつねに、「焦りの壁」なのです。焦りの壁を乗り越えるたびに、私たちは自分自身について驚くべき認識を得られるものです。さらには、私たちを支配しているほかのプログラムについても学ぶことになります。焦りの壁に直面しても座ったまま瞑想をつづけることは、リバーシングの最初のテクニックなのです。

セミナーに参加した人のほとんどは、この実験をやってみて、非常に強い感情の解放を経験しました。そしてそのため、誰かにそばにいてもらい、何が起きているかについて語りたいと思ったのでした。私はその役を買って出ました。このようにして人々に誕生を再体験させる実験を行なったのですが、それはたいへん効果的なものでした。

後に私は、温水の浴槽の中でシュノーケルと鼻クリップを用いる、というアイディアを思いつきました。水中に入ってもらうと、人々は子宮のような環境に包まれ、すぐに誕生や、生まれる前の意識状態に退行できたからです。単に記憶がよみがえったというだけでなく、心理・身体的経験にまでさかのぼったのでした。つまりそれは、霊、心、身体の全体にわたる完全な体験です。人々は一つのエネルギーサイクルを完了し、包括的なヒーリングの体験をしました。私は、一人ひとりが平安を感じるまでそばについてあげたのですが、彼らが経験した平安は理解をまったく超えたものでした……。

浴槽でのリバーシングを、何百という人々に体験してもらったあとの一九七五年、彼らが「呼吸のヒーリング」を体験していることを私は発見しました。彼らの呼吸のメカニズムが完全に変化し、心・身体・霊の関係もまた永久に変化していることに気づいたのです。このようなヒーリングが起きるのは、何度かセッションを行なったあとのことです——それは十分な安心感をおぼえたため、生まれて初めて呼吸する瞬間を再体験できたときです。初めての呼吸の瞬間には恐怖を感じる人がほとんどであり、そこに達するには、安心する必要があるからなのです。

彼らはみな、一定のリズムで呼吸をしていました。それは結合的なリズムであり、吐く息と吸う息とがそこで一つの呼吸として融合していました。それはまた、生理学的に体験された存在の統一でした。そこでは内なる息――生命エネルギー――と、外なる息――空気と呼吸のメカニズム――とが混ざり合っていました。

ごく初期からの私の目標は、人々が**エネルギー呼吸**を行なうことで霊的に自立することでした。つまり、彼らが自分でリバーシングができるように、十分なセッションを行なってあげることでした。

次に私は、この結合的な呼吸リズムを水なしで行なう実験をしました。その結果、鼻クリップとシュノーケルを使って、風呂の中でセッションを行なう前に、一時間から二時間の結合呼吸セッションを十回行なったほうがずっと効果的である、と気づきました。こうして、ドライ・リバーシングが生まれました。そしてそのおかげで、リバーシングは大衆運動になりえたのです。シュノーケルと鼻クリップ以外は何も身につけずに風呂に入り、誕生を再体験するなどということは、ほとんどの人にとってはいささか秘教的にすぎました。しかしそれ以降は、横たわって呼吸をするだけで、人生で最も驚くべき体験ができるようになったのです。

たとえば、水の底に泥（古く、滞ったエネルギー）が溜まっているコップに、新鮮な水（新しいエネルギー）をどんどん流し込むとします。最初のうちは泥がかき混ぜられて、水は濁ってしまいます。しかし、新鮮な水を流し込みつづければ、しまいには泥は流し出されて、コップには新鮮で、きれいな水だけが残るでしょう。

リバーシングにおいては、プラーナあるいは生命力のエネルギーがこの新鮮な水に当たります。誕生や親による条件づけから来る、古く、滞ったエネルギーは厚く積もった泥です。もし泥の層がコップの底に固まっていれば、プラーナは抑制されてしまいます。そして、新鮮な水が流れ込むことによって泥が浮き上がるとき、活性化と呼ばれる移行状態をあなたは経験します。さらにすべての泥が流し出されて、純粋で新鮮な水だけが残ると、統合や完了の状態にいたるのです。

バスタブでの実験でレナードが発見したのは、適切な呼吸をする以前には、滞ったエネルギーは浅い呼吸のせいで身体に維持されているということです。これが、抑圧のメカニズムなのです。そのような状態では、私たちはほとんどまともには機能できません。滞ったエネルギーは人生を形づくり、形式化し、型にはめてしまうため、私たちの表現や個性は制限されることになります。滞ったエネルギーはまた、緊張や身体的な痛みをもたらし、それはやがて病になって、究極的には変性の疾患や死にさえいたります。

リバーシングでは、セッションごとに呼吸の解放が行なわれます。ほとんどの人が、最初のリバーシング誘導セッションで、空気と同時にプラーナを吸い込むとはどういうことか、を完璧に体験できます。しかし、恒久的な変化がおこるには、通常、三回から十回のセッションが必要です。

人が生きるうえで、空気よりもプラーナのほうが重要である、と覚えておくべきです。私たちはプラーナがなければ、一秒たりとも生きてはいられません。私たちは空気を吸い込みながらプラーナを取り入れていますが、それを無意識的に行なっています。しかも、ごくわずかな量――体を生かしておくことはできるけれど、その驚くべきヒーリング力を体験できるほどではない量——しかプラーナを吸い込んでいないのです。

プラーナを吸い込み、最初に呼吸をした瞬間を心身両面で再体験できれば、ヒーリングはただちにもたらされます。この試練によって、呼吸のメカニズムの重点は、息を吐くことから吸うことへと移ります。息を吐くことに重点が置かれる呼吸では、ゆっくりと息を吐いたあと、長い休止があり、それから少しだけ——まるで思いついたように——息を吸い込みます。これは文字どおり息を止める行為であり、誕生のトラウマに対する抑圧を維持する結果しかもたらしません。

そのうえ、息を吐くことを重視して呼吸をすると、過剰な二酸化炭素を細胞に溜め込むことになるため、死を志向する呼吸をしてしまうことになります。この死への作業は、平均して七十年で完了します。そのくらいたつと、誕生のトラウマが致命的な結果をもたらすのは避けられなくなります。いっぽう、息を吸うことを重視した呼吸では、吸う息を引き伸ばし、息を吐くときにはリラックスして、吸う息と吐く息とを同じ長さにします。このように、息を吸うときにエネルギーのすべてを費やせば、効果的な呼吸ができるようになります。重力や、筋肉の自然な収縮が息を吐かせてくれるのですから、吐く息に努力を傾ける必要はありません。自分の生命エネルギーのすべてを息を吸うためにとっておけば、生命を志向する呼吸ができるようになります。

加えて、細胞を酸素で満たせるようになります。細胞は二酸化炭素よりも酸素のほうをはるかに好むからです。効果的な呼吸をすると、プラーナは拡散し、オーラやエネルギー体だけでなく、循環系、神経系、呼吸系も洗浄されることになります。

正しい呼吸をすれば、サイキックな汚れや否定的な思考の塊、身体の緊張や疾患、感情の問題などを、人間の意識から洗い流せます。しかしながら、呼吸を意識的に活用すれば秘められたヒーリング能力を発揮できることを、ほとんどの人が知らずに――そして、知らないという事実を知らずに――一生を終えます。つまりこの教えこそは、レナードからの最大の贈り物なのです。

レナードのリバーシングの基本は、結合呼吸を単純に二十回行なうというものです。必要があると感じたときは一日のうちのいつ行なってもいいのですが、第一週目は日に一度だけにしておくことをすすめます。

①　短い呼吸を四回する。
②　長い呼吸を一回する。
③　息は鼻から吸って、鼻から出す。
④　この五回の呼吸を四セット行なう。つまり、短い呼吸を四回したら、長い呼吸を一回するのを、つづけて四度くり返すのである。合計で二十回の呼吸をしたことになる。

呼吸を休みなく結合させるために、吸う息と吐く息を融合させるようにすることです。つまり、吐く息と結合した吸う息をもって、一回の呼吸と数えるのです。それぞれの呼吸はこのように結合されているので、二十回の結合呼吸を休みなく、ひとつづきのものとして行なうことになります。その際、吸う息と吐く息とを同じ長さにしようとしながら、意識的にリラックスして息を吸い、吐くときには完全に息を吐き出すようにしましょう。短い呼吸は、吸う息と吐く息を結びつけ、不可分のサイクルに融合することを強調するために使います。いっぽう長い呼吸は、できるだけ楽に息を吸って肺を満たし、さらにそれを完全に吐き出すために使うのです。

自分にとって、自然に思える速さで呼吸を行なえばよいのです。呼吸は無理にコントロールされたものであるよりも、自由で、自然で、リズミカルなものであることが重要です。そうすれば、空気とともにプラーナを吸い込めるからです。悪い呼吸の習慣を身につけている人がほとんどなので、あなたもめまいがしたり、手などが疼《うず》いたりするかもしれません。けれども、この練習を毎日つづけていれば、そうした身体感覚は変化し、さして圧倒的なものには感じられなくなって、より多くのヒーリングをもたらすものとなります。それは、あなたが意識的な呼吸を身につけつつあり、かつ身体に直接的な恩恵を集めつつあることを示しています。毎日この練習を実践すれば、呼吸について、これまでの人生で学んできた以上のことを学べます。そして、この過程を加速させたいのなら、プロのリバーサーに連絡を取り、一時間から二時間の誘導セッションをくり返し行なうスケジュールを立てるべきです。

私が教えてもらったもう一つの呼吸エクササイズは「鼻孔交替呼吸法」ですが、これはレナードがゴラクナスから受け継いだものです。方法を以下に説明します。まず、左の鼻孔から息を吸って、右の鼻孔から吐きます。次に、右の鼻孔から吸って、左の鼻孔から吐きます。このサイクルを三回か九回くり返します。息は、無理せずに伸ばせるところまで長くします。また吸った息を止めてもかまわないし、結合呼吸を二十回するときのように、吸う息と吐く息を結合させてもかまいません。

このエクササイズを「オーム・ナマハ・シヴァイ（Om Namaha Shivai）」と唱えながら毎日行なえば、生命エネルギーが身体から絶えることはなく、不死身となる、とゴラクナスは言いました。このエクササイズはナディ――すなわち、生命エネルギーを体のあらゆる器官に送り届ける鼻孔中の器官系――を浄化します。鼻孔内の器官群の洗浄を経験するには、このエクササイズを三ヵ月間、一日に三回、あるいは九回行なうことです。そのあとも、身体を保っておきたいと思うあいだはつづけるようにします。

リバーシングをうながすレナードの呼吸サイクルをはじめると――つまり、長く息を吸い、リラックスして息を吐いて、休むことなく結合的あるいは循環的な呼吸をすると――息を吸うことが吐くことと混ざり合って、吐くことそのものになり、息を吐くことが吸うことと混ざり合って、吸うことそのものになってしまいます。そしてこれをつづけていると、身体の各部あるいは全体が疼いたり、振動するような感覚をおぼえはじめます。さらに古い、滞ったエネルギーの層がかき混ぜられ、抑圧状態から浮き上がって活性化します。こうなると過呼吸とみなされ、病気と判断されるのです。

『呼吸の気づき』（*Breath Awareness*）において、レナードは過呼吸症候群と結びつけられる症状を列記していますが、それは以下のようなものです。

・速い呼吸
・強制的な、あるいは激しい呼吸
・不随意的な呼吸
・ぜん息の発作のような呼吸困難
・手足の疼きや痺《しび》れ
・息苦しさ
・強直《テタニー》（一時的な麻痺《まひ》や痙攣《けいれん》を指す医学用語）
・ふらつき、めまい
・ヒステリックな叫び
・合理性のない不安や恐怖
・気絶
・体外離脱体験
・一時的な精神異常
・身体各部に生じる、激しい局所的圧迫感

・強いエネルギーの流れ
・体温の乱高下
・極端な汗や緩和されない寒さ
・混乱
・閉所恐怖症
・頭痛
・肉体的快感
・全身で感じるオーガズム
・霊的あるいは宗教的ヴィジョン
・劇的なテレパシーの体験
・吐き気
・口中の渇き
・耳鳴り
・誕生時の回想や夢を見ているような状態
・陶酔や至福の状態
・色の幻覚や強烈な色彩認識
・癲癇《てんかん》のような発作など、筋肉の痙攣

・死と再生の経験

過呼吸は病気ではありません。生まれてからずっと、十分な呼吸をしてこなかった事実に対抗するためのヒーリングが、起こっているだけなのです。また、誕生時に呼吸メカニズムに加えられた障害に対するヒーリングも起こっています。過呼吸時にほとんどの人が体験する症状の一つはテタニーです。これは関節が一時的に、不随意に硬くなったり麻痺したりすることであり、通常、手や顔に生じます。これまでずっと、どれほど「動かないでいたか」を、体はこのようなやり方で見せてくれます。もしこの麻痺に抵抗すれば、あなたはテタニーに自分を閉じ込めてしまい、もはや二度と動けないのではないかと感じるまでにいたります。しかし、出口は常に感覚を避けることにではなく、体験することにあります。普段は抵抗しがちなものを徹底して体験すれば、テタニーは消えてしまいます。

リバーシングは二段階の過程があります。第一段階は、空気とともにエネルギー（生命力のエネルギー、あるいはプラーナ）を呼吸できるようになることです。第二段階は、レナードの言葉によれば、「誕生と死のサイクルを解明し、**永遠の霊**《スピリット》による意識的な人生に心と身体を組み込むこと、あるいはみずから意識的に**永遠の霊**《スピリット》の表現となること」です。

レナードはつづけます。

「誕生と死のサイクルを解明するには、エネルギーを呼吸する以上の時間がかかります……誕生時のトラウマや幼児期の意識、家族の行動様式、死の衝動などから人格的に解放されなければならないからです。また、心と身体を支配しなければならないからです」

これが意味することを理解するには、もっと深く掘り下げて考え、あまりに長きにわたって私たちを文字どおりに眠らせ、無意識にしてきた抑制要因について理解する必要があります。

3　死ぬ習慣をやめる

身体的な不死だけは、死を賭すことができない大義です。　――レナード・オァー

私たちが生気に満ちた体験を持てない、もう一つの理由があります。それは、無意識的な死の衝動です。レナードがよく言っていたように、「両親が不死身になるまでは、人は死の衝動を受け継ぐことになる」のです。

死の衝動は精神的な実体であるから、心のうちで文字どおりに隔離し、破壊できます。反生命的な思考や信念によって成り立っているこの死の衝動は、死は避けられず、自分でコントロールすることなどできないという信念によって維持されます。それは、あなたを殺そうとしています。だから、先に死の衝動を殺してしまわないかぎり、あなたは確実に殺されることになるでしょう。

もし自分の思考や感情、行動が間違いなく現実を創造しているのなら（実際、創造しているのですが）、何世代にもわたるパターンとして、両親や文化から受け継いだ死の衝動は無意識のうちに人生の枠組

みとなり、それが目論む現実を生み出すことでしょう。究極の被害者とは、自分を支配しているのは「自分以外の」人や事物だ、と信じている者のことです。

不死を実際に実現できるかどうかはひとまず置くとして、死は避けられないかどうかを疑ってみるだけでも、非常に大きな影響があります。身体の健康や幸福、運命に対する決定権が自分にはない、と信じているから、被害者意識は生じるだけのことではないか、と考えてみてもらいたいのです。

もし人生を支配したいのなら、自分の安全や幸福をつくりだしているのは、ほかならぬ自分自身かもしれない、という可能性に心を開かなければなりません。健康や活気をつくりだしているのはあなただし、肉体の病気、傷、事故ばかりか、死を作りだしているのもあなたなのです。

死刑宣告は避けられないように思えても、それを拒むべきです、とレナードは教えていました。つまり、まさに誕生と死のサイクルの影響下にあるがゆえに、はからずも抱き、無意識的に取り結ぶにいたった合意を破る方法を、彼は教えていたのです。これはレナードの才能です。彼が教える革命的な方法をあなたは信用するかもしれないし、信用しないかもしれません。しかし、ひとたびそれを受け入れてみれば、あなたは想像もできないほどの変化を遂げることでしょう。

ここには、中途半端な立場はありえません。死ぬ習慣をやめようとするか、やめようとしないかのどちらかです。私はレナードとはやや異なる立場をとり、こう言うことにしましょう。結局は死ぬことになるとしても、とりあえず死ぬ習慣――すなわち、死の意識――を手放すことはできる、と。

呼吸、誕生、お金、死は同じサイクルに含まれています。

死ぬ習慣をやめれば、誕生のトラウマを解消し、豊かさを実現することもできます。最近、ニューエイジのテレビ伝道者は繁栄や富の霊《スピリチュアル》的な源泉について語っていますが、レナードのほうが先です。レナードは元祖なのです。レナードこそ本物です。それ以上に、彼は意識運動全体の創始者の一人なのです。誰かの意見をくり返しているわけでも、自分の意見を主張しているわけでもありませんが、レナードはカルマの核心をなす、お金や成功についての霊《スピリチュアル》的な法則を正しく理解していました。その理解は、非常に喧伝されている故ティモシー・リアリーや新参者のディーパック・チョプラに勝るとも劣らないものです。

死の衝動を解決することなくして、どうやって活力に満ち、目覚め、繁栄できるでしょうか。死の衝動を直視しなければ、それは無意識的に結果を作り出してしまいます。しかも、あなたが悟れば悟るほど、死の衝動はますます活性化されることになります。最高の思考より純粋ではないものに潜在意識のレベルでしがみついたままでいると、それは必ずやあなたの注意の対象となります。そして、あなたがますます意識的になっていく以上、思考も力強くなっていき、その実現もどんどん速くなっていくでしょう。よって、死についてきちんと探求したことがなければ、あなたは知らないうちに死に影響されることになるわけです。

創造者に会いに行くのだから、死にはこの上なく善なる意味があるに違いない、ともあなたは合理化し、結論づけることでしょう。だが、もし本当に創造者に会いたいのなら、活力に満ちあふれた状態を求めるべきなのです。そうすれば、創造者のもとへと上昇できます。

肉体の不死とは、生きたいだけ長く生きるということであり、生きているあいだは生きることを望んでいるということです。つまり、自ら選択して旅立つということであり、意識的に、復活や昇天をとげて旅立つということなのです。肉体の不死は、活き活きとした人生を完全に支える意識環境を作り上げます——それは、死の衝動さえをも含んだ大きな環境です。どういう意味かというと、生命を否定する考えが意識をかすめたとしても、それを目覚めや安全、信頼などの枠組みのうちに位置づけて考えられるということなのです。そのとき、あなたはリラックスしながら、このような否定的思考に命を吹き込み、それを十分に体験して手放せるようになります。そうすれば、一つひとつの思考について死の衝動を解消してゆくことができます。

レナードは、まず彼自身が死の衝動を解消できていなかったら、リバーシングは起こり得なかっただろうと言っていました。その過程は、一九六七年に最高潮を迎えましたが、当初から不死の観念はリバーシングに含まれていました。不死は起こり得るものすべてを含むほどの大きな環境を設定することによって、ゆるぎない安全を作り出すのです。

みずからを死の衝動から解放したあと、レナードは肉体の不死の観念に魅了されるようになりましたが、一つの問題に直面しました。それは、彼が読んだ不死を扱った本の著者のほとんどが死んでいるということです。たとえば、ハリー・ゲイズの名でディヴァイン・サイエンス教会の牧師をしていた人物は、『永遠に生きる方法』（*How to Live Forever*）と題された本を書いていました。だが、不死についての連続講義の第二回目を行なうべく、宗教科学のハリウッド教会に向かう途中で死んだのでした。

こうした人々は信用できないとレナードは公言し、新たな基準を作り上げました。本当に不死を実現している人しか、信じないことにしたのです。そして、信用するには最低三百年は生きていなければならないと恣意的に決めました。その結果、自分が知るうちで唯一、実際に不死者がうろついている地に赴くことになるのです。

一九七七年の春、レナードはインドへ行きました。彼自身は不死者を見つけられなかったものの、同行した女性が見つけました。彼女はババジに導かれたのです。旅に出る前に、ババジはすでに二回、彼女の前に物質化していました。ババジと七ヵ月間過ごしたのち、彼女は写真とレポートをたずさえてカリフォルニアに戻りました。彼女が体験した変容のうちには、ババジによって非物質化され、三日間の宇宙旅行に出たことなども含まれていました！

この女性の体験談を聞いた結果、レナードはすぐにババジのエネルギーに同調し、以後、彼と非常に強い霊的関係をもつようになります。一九七七年の十二月に、レナードはもう一度インドへ行く予定を立てていましたが、非常に忙しかったのでキャンセルしようと考えました。最終決断をしなければならないころ、テキサス州ヒューストンの友人の家で瞑想をしているとババジがあらわれ、三分間、目の前にとどまりました。この経験によって、レナードは考えを変えたのです。レナードに言わせれば、自分の考えがいかに制限されたものかに気づかされたのでした。

彼はその後、インドに行き、ババジと一月を過ごしました。レナードはこの不死身の行者とともに過ごしていたとき、リバーシングについて質問しました。そのときの会話を、彼はこう詳述しています。

ババジを目《ま》の当たりにする以前に、心と協調した呼吸が心身の健康にとっての鍵だ、と私は考えていました。**生命の呼吸**は「若さの泉」となり得るものであり、だからこそ、心ばかりでなく身体の永遠の命にとっての鍵となり得る、と結論づけていたのです。ババジは霊、心、身体の永遠の命を習得していたので、数千年生きているにもかかわらず、その見た目と能力は若者のものでした。

そこで、一九七八年一月のある日、勇気を出して、自分の考えについてババジにたずねてみました。勇気が必要だったのは、自分が信じてきた論理を打ち砕く者がこの世にいるとすれば、ババジ以外にはないだろうと思ったからです。それまでにも何千という世界の賢人たちに自分の考えを述べてきましたが、ババジは私が出会った中で、ただ一人の本物の不死者なのです。

私は「リバーシングは死の克服《ムリテンジャーヤ》をもたらすのでしょうか」とたずねました。

彼は「完全なる死の克服《マハームリテンジャーヤ》をもたらす」と答えました。

私は「それは、プラーナが永遠なのだから、プラーナとともにある身体は永遠だという意味ですか」とたずねました。

彼は「もちろんだ」と答えました。そして、この会話が凡庸なものだと言いたげに立ち去ってしまいました。

自分の考えに本物の不死者からお墨付きをもらえたことは、私にとっては大きかったです。しかし、ババジにとってはそれは簡単で、何千年にもわたって明らかなことだった、と私は思いました。彼にとっては、くだらない質問だったのです。

ババジこそは地球上で最もすぐれた偉人だ、と気づいたレナードは、インドに戻り、毎年、少なくとも一月は彼とともに過ごそうと決心しました。そして、ババジのもとを訪れるたびに、そこに居つづけ、ほかのことはいっさい忘れてしまいたい気分になったと言います。また、ババジは何度か彼に昇天《アセンション》する機会も与えてくれたそうです。

レナードは毎年インドへ旅するうち、最低三百年は生きているという基準を満たした八人の人物に出会っています。そのうち、最も若かった人は三百歳でした。彼は、周囲四十五メートル以内には人を近づけませんでした。長寿の秘訣についてたずねてみたところ、彼の答えは「人から離れていることだ」というものでした。

またバルトリジは、紀元前五十六年にババジによって不死を授けられた人物です。レナードによれば、そのころ彼は全インドの王であったが、みずからの王国を捨ててサドゥになったのでした。サドゥとは、自給自足の生活をしながら、もっぱら霊的浄化の実践に打ち込むため、世俗の財産を放棄した者です。バルトリジは昇天《アセンション》する力がありながら、二千年以上も地球の同じ場所で住みつづけています。彼の隠遁所は百平方マイルの保護林の中にあります。保護林には野獣がいるものの、人間が襲われたとは一度も報告されていないとのことです。バルトリジはそこで、静かに自分のすべきことをしています。また、非常に穏やかで、上品で、無邪気なたたずまいでいます。レナードによれば、バルトリジ本人は二千年ものあいだ修行を積んできたという感慨をいだいていますが、その身体は年を感じさせない、しなやかなものであるそうです。

ババジの姿の一つに、ゴラクナスもあった、とレナードは言っています。ゴラクナスは、これまでに多くの不死者を育ててきました。ゴラクナスの弟子のもとへ教えを請いに行けば、まずは「オーム・ナマハ・シヴァイ」のマントラをくり返し唱えるように指示されるでしょう。そして、もし本気で学ぶ気があるならば、また三年以内に戻ってきて、次の段階の修行に移りなさい、と言われるのです。

このように神の名を思い出すことが、一般に実践される行の第一のものです。その次には、エネルギー体を意識しなければなりません。なぜなら、エネルギー体は肉体の真髄だからです。エネルギー体を意識することが、老化の過程を逆転させ、肉体の健康を支配する鍵となるのです。そのうえで、地、風、水、火、プラーナ（エーテル）の元素を意識的に用いれば、心以上に効果的に、エネルギー体あるいはオーラを浄化できることを悟らなければなりません。これらの元素は一なる霊の物質的側面であるため、あらゆる否定的エネルギーの固まりを吹き飛ばしたり、洗い流したり、焼き尽くしたりなどできるのです。

この序文に述べたことの多くは、いくぶん違った形ではありますが、私自身の著書の中でも書いたことがあります。ここでまったく新しいことを述べるべきかどうか、私も長いこと真剣に考えました。しかし結局、このままの文章で、レナードに対する最高の敬意をあらわせていると確信しました。最高の敬意をあらわすのでなければ、レナードの著書に寄稿したいとは思っていなかったのですから。

読者に伝わっていないとしても、私はレナードにすべてを負っています。いやもちろん、私には借りなどまったくないともいえます。大いなる忘却から目覚め、みずからの尊厳や宿命をふたたび取り戻すためのメッセージをひろく伝達する役割を、私たちはみなで果たしているからです。レナードはみずから思い出したマスターであり、人にも思い出させてきました。レナードのおかげで、私もいまでは思い出しています。彼が先駆者となり、私たちの反乱を先導してくれなかったなら、私は本を書くことなどできなかったことでしょう。

ボブ・フリゼール

『この本に真実は何もない　しかし、それがまさに現実なのである』（ナチュラルスピリット刊）、『この本には何か真実がある』（*Something in This Book Is True*）の著者。

第1部

肉体の不死について

はじめに

肉体の不死は現実のものか、あなたは疑わしく思うかもしれません。だが、世界中の不死なるヨギたちや私は、それが現実である、とあなたに伝えるためにここにいます。今日において、肉体の不死が慣れ親しまなければならない考えであることは言うまでもありません。そしてそれは、今後、何百万年もあなたを多忙にしてしまう問題でもあります。

この概念がもう一度ひろく普及すべき時代がやってきています。人類の歴史において近年は、死を甘受し、志向する考え方にほとんどの人が浸ってきました。しかし、私たちが今日知っているような肉体の死が一般的になったのは、ここ五千年のことにすぎません。肉体の不死がふたたび一般的になったときに何が起こるかは、私たちには測り知れないものがあります。

現代の物質文明は、死の衝動を固定化する傾向にあります。しかし不死論者は、死は避けられないという考えを拒否し、死はそれぞれの人の意識によって支配されると主張します。不死を志向する考え方を持つには、思考を変え、呼吸を解放し、永遠なる自己のイメージを確立しなければなりません。死は無知の状態に愛着しつづける者にのみ訪れることを、不死論者は知っています。霊が抱く永遠の快楽ではなく、肉体が抱く皮相的な快楽を愛する者に、死は訪れるのです。

死を克服できるかどうかは、物質的宇宙における基礎理解力テストです。実際に霊的な覚醒を得ようとするならば、肉体の不死こそが、その第一歩となるものです。

霊的な覚醒に達したと思っている人でもそのほとんどが、死は避けられないという考えを疑うこともなく死んでゆきます。でも、肉体の不死を考えるだけでは不十分です。肉体の不死についての哲学を築くことは、第一段階にすぎないからです。第二段階では、家族の伝統から身につけてしまった、個人的な死の衝動を解消しなければなりません――つまり、肉体の不死の心理学を確立しなければならないのです。第三段階では、肉体を支配する――つまり、肉体の不死についての生理学を確立することです。また、この第三段階は、霊的浄化エクササイズを実践しはじめるときです。たとえば呼吸を支配すれば、心と身体を簡単かつ効果的に浄化できるようになります。また、断食をすれば、さらに血液を浄化できます。睡眠を支配すると多くのこと、とりわけアストラル界を支配できるようになります。このアストラル界は、ほとんどの人が死の世界と考えているものです。水の浄化と火の浄化も基本的なものですが、これについては後に取り上げることとします。

私は、死ぬ習慣を非難したいわけではありません。肉体の死は、地球にいたくない人が旅立つための偉大な発明です。肉体的に死ぬことより、ありのままの自分を受け入れながら、永遠に生きつづけることのほうを恐れている人がほとんどのようです。

ほかの結論をみずから導き出さなければ、あなたは現状において不死身なのだ、ということを心に留めてもらいたいのです。死ぬことは、生きることよりずっと難しいのです。まずは、これまでに何千という人々を死から救ってきた、次のアファーメーションからはじめましょう。これを暗記し、瞑想によって身につけてもらいたいのです。

「私はいま、活き活きとしている。だから、私の生の衝動は死の衝動より強い。生の衝動を強め、死の衝動を弱めるかぎり、私はますます健康的に、若々しく生きつづけることだろう」

すべての人の語彙《ごい》に「肉体の不死」という言葉を加えようとすることは、価値のある教育目標です。肉体の健康や活力にとって、みずからの心こそが最大の脅威である、という認識は、誰もが持ってしかるべきものだからです。

単純な概念ながら、以上は私たちが生まれながらに持つ霊的権利です。西洋世界で死を克服できない人のほうが多いのは、その権利について探求している人があまりにも少ないからです。死は避けられず、支配できるものではないという考えに、ほとんどの人が屈服してしまっています。一般に広まっているこの考え方は、ほとんどの宗教団体によって教えられているものです。すべての偉大な宗教の救世主や聖人は、死を克服しているにもかかわらず、にです。また、この考え方は学校でも教えられています。私たちは、子どもを死ぬようにプログラムしているわけです。死への無意識的衝動を下取りに出して、肉体の不死の哲学や霊的浄化の行法を買うならば、私たちはもっと意識的に元気な体や若さを手に入れ、身体を支配できるようになります。

戦争は、個人の死の衝動が社会的に表現されたものです。しかし、私たちには世界平和をいますぐに実現するチャンスがあります。そして、あらゆる国に平和をもたらすためには、この肉体の不死についての情報がぜひとも必要とされているのです。

ラーマやシータ（訳注：『ラーマーヤナ』の登場人物）の時代には、肉体の死は選択されるものだと誰もが知っていましたが、現代人の大多数も、そのころと同じように肉体の不死を実現できるかもしれません。なぜなら、私たちの文明には最先端の生命維持装置が非常にたくさんあるからです。水道や給湯設備、暖炉があれば、これまで作られた中で最も洗練された「不死身のヨギの洞窟」を持っていることになります。私たちの宗教や哲学も、科学の進歩に歩調をあわせる必要があります。私たちの世代の悲劇は、肉体の不死の概念を聞いたことや考えたことがないというだけで、無知なまま無駄に死のうとしていることにあります。私たちがいま無知や否定的思考、死後の天国に傾倒しているのと同じくらいに健康や愛や活気に傾倒していたならば、私たちはすでに地上の天国を実現していたでしょう。

しかし、肉体の不死は究極の目標ではないことを忘れてはなりません。それは善良な人物になったり、健康的な生活習慣に従った結果、おのずともたらされる余得です。長く生きることが肉体の不死の目的ではありません。人生の質を高めることが、すなわち、肉体を持った存在の、今この時の質を、霊、心、身体の面で高めることが目的なのです。肉体の不死を実現すれば、私たちは死刑宣告を受けながら生きる牢獄から解放されます。ほとんどの人は「死刑囚棟」で暮らしながら、なぜ人生はうまくいかないのかと悩んでいます。しかし、人間の心のうちに永遠の生命を見出すことが、心身の健康の源泉なのです。

聖書はくり返しこう言っています。「永遠の命の贈り物は、あなたのものになるだろう」（たとえば、ヨハネによる福音書の3章16節を参照）と。**永遠の命**とは、**永遠の霊**の意識的な人生に、身体を一体化させることです。天にあるものも地にあるものも、すべてはエネルギーと思考と形態なのです。あなたの隠れた神性は、最上の天国に存在しているのと同様に、今ここにも完全に存在しています。神もまた、ここにいるのです！　ここより良い場所などありはしません。

あなたは不死の探求をはじめることはできますが、その探求に終わりはありません。

1章 肉体の不死を構成するもの

肉体の不死は、主に三つの構成要素によって成り立っています。すなわち、肉体の不死の哲学、死の衝動を解明する心理学、および肉体の不死の生理学です。生理学では、身体を支配するための基本原理があつかわれます。

肉体の不死の哲学

理知的な知識と物質的な現実を作り出す知識とのあいだには、大きな違いがあります。——つまり、理論的なものと原因となるものとの違いです。理知的な知識は、反復や瞑想によって真の知識となります。しかし、すぐに思い出せなければ、きちんと身につけたものではありません。私たちは「肉体の不死」という言葉に、それが自分の名前のように慣れ親しまなければなりません。本当に活力に満ちた肉体をもって生きようとするならば、運転や睡眠、セックスをおぼえたのと同じように、地、風、水、火の行をおぼえなければなりません。

肉体の不死の観念に触れれば、死の衝動を解消し、死を志向する考え方から解放される機会を得られます。逆に肉体の不死について知らなければ、惨めさ、自己破壊、恐怖、失敗、不安などの牢獄に暮らさなければならなくなり、その結果、病気や苦痛、暴力や戦争、権力闘争、無力さと残虐性、人類の堕落、そして、死そのものを引き起こしてしまいます。肉体の不死の哲学は人間の想像力を解放して、エネルギーや創造性の巨大な宝庫への道を切り開き、また忍耐強く、シンプルに生きようとする動機を作り出します。この哲学自体が、愛と知性の試金石です。

肉体の不死の哲学は、すべての恐れと惨めさを心から取り除いてくれます。それによって、愛や神聖なエネルギーが、いっそうはっきりと人格に表現されることになります。だから、肉体的に死なないなどとは実感できないとしても、その哲学自体は有益な概念体系なのであって、取り組み、思索すべきものなのです。肉体の不死の哲学は実際に楽しいものであり、それを信じることで究極の目標は達成できなくても、ずっと楽しい人生を送ることはできます。

ほかに原因がなくても、死は避けられないと信じているだけで、あなたは死ぬことになります。しかし、実際のところ、あなたの霊ははじめから永遠なのです。つまり、心と身体をその永遠なる霊に調和させつつ働かせればよいだけです。肉体の不死の哲学は、あなたの身体にチャンスを与えます。いっぽうで死を志向するものの考え方は、身体を確実に滅ぼすことになります。

すなわち、死とは重大な誤りにほかならないのです。

肉体の不死の心理学

人がそれぞれに違うのは、なによりも考えていることの質によります。永遠の命について考えていると健康になります。

死は避けられないという信念は、人類にとって不健康です。それは単なる共通認識にすぎません。心身相関の科学は、私たちの信念が健康を左右することを証明しています。そうであれば、健康でいたいと思っているのに死を信じることに、どれほどの実際的価値があるというのでしょうか。死は避けられないという信念は、ほかのすべての死因が束になってもかなわないほどの人数を死なせています。かりに長生きをし、病気や事故を乗り越えたとしても、そして、リバーシングやアファーメーションのテクニックを実践したとしても、死は避けられないという信念に結局は襲いかかられることになるでしょう——その信念を変えれば別ですが。死は避けられないという観念を真剣に疑えば、心と身体の健康に良好で実際的な効果をおよぼすことができます。不死論者はこう主張しています。死が本当に避けられず、支配できないものであったとしても、肉体の不死を信じたからといって害にはならないだろう、と。

おそらく、死への忠誠心あるいは「死の衝動」などは、もともと私たちが持つ必要のなかった人格的特徴なのでしょう。合衆国憲法には、私たちは有罪と立証されるまでは無罪であると記されています。同じように、あなたはそうでないと立証されるまでは不死身でなければなりません！　あなたが元気に生きているなら、死など無駄な思索にすぎないのです。にもかかわらず、死について考えていれば、まだ人生を楽しんでいられるはずなのに、病、失敗、憎しみ、憂うつ、絶望などを作り出してしまいます。

死の衝動は精神的な実体であるから、心のうちで隔離し、破壊することができます。あなたが抱いている死という実体は、両親や文化から吸収した死に対する信念や概念によってつくられています。これを活力に変化させるには、一つひとつの否定的な信念を――一度に一つずつ――肯定的なものに変えてゆきさえすればよいのです。そしてその際には、アファーメーションのテクニックを使うことです。自分はいつ、なんどき死ぬかもしれない、あるいは殺されるかもしれない、などと考えるのではなく、こう宣言するのです。「私は身体の運命を左右できる。私が同意しないかぎり、何ものにも傷つけられることはない」と。死を疑うだけで、死の衝動は崩れはじめるのですから！

実際、肉体を破壊するのは非常に難しいことです。よく注意すれば、生の衝動はくり返しくり返し、「不慮の事故」が起こる前でさえ、警告を発していることがわかります。つまり、病気が死をもたらすまでには、長い時間がかかるのです――あなたが心がけを変えられるように、十分な警告をしてくれるわけです。

もし両親が不死身のヨギでないならば、おそらくあなたは死の衝動を持っていることでしょう。死の衝動は捨て去れるものですが、それには知恵と直観、そして多くの火が必要となります。火は何よりもはやく、死の衝動やしつこい否定的感情を焼き払ってくれます。人はキャンプファイヤーや暖炉のそばに座っていると、どん底の憂うつ状態から、またたく間《ま》に至福へと変化してしまうのだから驚かされます。

　死の衝動は、人間の感情の中で最も破壊的なもので、それは自己破壊や自殺行為の原因となります。無意識的な死の衝動は、あらゆる憂うつや病気、また絶望や失敗の感情にとっての砦です。これらのものをその起源（誕生のトラウマ、親に認められなかった傷、無意識的な死の衝動、過去生）にさかのぼって打ち倒せば、日々、人生を楽なものにしてゆけます。そしてそうなれば、実用的な価値もきわめて高いことになります。

　私たちは死の衝動を解消し、あらゆる条件づけのマスターにならなければなりません。それには普通、手遅れにならないうちにはじめたとしても、五十年から百年くらいの年月がかかります。なぜなら、死の衝動自体が生の衝動を持っているからです。あなたの身体を犠牲にしてでも、それはみずからを守ろうとします。だからもちろん、死の衝動を癒すための情報は、あらゆるレベルの公的教育においても与えられるべきものなのです。

　身体の病気は心がけによって治ります。突き詰めて言えば、あなたを救うのは、あなた個人と無限の存在や無限の知性とのつながりだけなのです。あなたは存在するいっさいのものの表現であり、本性的に永遠です。死の衝動は自己破壊的ですが、あなたがそれにしがみついているあいだしか力を持ちません。死の衝動を手放すとき、あなたの存在の基本的な性質である永遠性が、実際的なレベルで、愛、知恵、喜び、平和、また肉体の健康などとしてあらわれます。そして肯定的な考えを抱くたびに、この基本的な性質が拡大するのをあなたは感じられるでしょう！　身体に死の衝動を乗り越えさせようではありませんか！　霊、心、身体の命を、そして個人的な現実を実際に支配することを意識的に選択するならば、死の衝動は永久に消し去れるのですから。

死にゆくことは、生きる道ではありません。

きっと、あなたはもう十分に長いこと死を実践してきたのです。千回以上も死んだことがあるかもしれません。死は苦行でもあります。どうしてそれを数世紀のあいだ、避けてはいけないというのでしょうか。そうしたところで、おそらく何の害もないはずです。要するに、死は悪しき癖であり、無駄な習慣なのです。

もちろん、あなたがこの宇宙における新たな犠牲者になってもかまいません。しかし、それは浪費でもあります。神々しい喜びの、知恵の、そして恩寵と神々しい美の浪費です。神の王国は怠け者によって建てられているわけではないのです。

肉体の不死の生理学

肉体の不死の研究――その哲学と心理学――は、それぞれが霊的浄化を実践することによって補完されなければ、意味をなしません。この霊的浄化を行なうと、身体を支配でき、幸福になれます。肉体の不死は、ほかの良い観念と同様に語る価値のあるものかもしれませんが、霊についての包括的な理解がともなわなければ、その言葉はあきらかに浅薄なものです。また、そのような言葉に触れたとしても、身体を支配しなければ、肉体の不死を実現するのは来世のことになってしまうかもしれません。そのいっぽうで、心と身体について支配するのが現世より十番目の来世になったとしても、現世において不死の観念を研究する価値は十分にあるでしょう。ひょっとすると、あなたは前世において肉体の不死を得ようと努力していたかもしれません。だとすれば、現世でそれを実現できるかもしれないではありませんか。試してみる価値はあります。

肉体の不死の生理学の前提として、エネルギー体についての内なる気づきがなければなりません。地、風、水、火を使って、エネルギー体を日々、清潔にし、そのバランスを取る方法を身につけなければなりません。

私たちはまた、みずからの肉体やその器官も支配しなければなりません。自分自身と友人の両方を癒せるヒーラーにならなければなりません。私たちは病を避けることはできませんが、それを癒すことはできます。病はそれぞれ、それ自体のうちにヒーリングの方法を含んでいます。リラックスすれば病を癒せますが、マントラ・ヨーガや地、風、水、火の行を実践すれば、自動的にリラックス状態になることができます。メッセージを受け取ることは地の浄化法ですが、それを用いれば必ず病を改善できます。

身体は地、風、水、火でできています。これらの元素を使って霊的浄化を行なうだけで、エネルギー体を浄化し、肉体を維持し、肉体の不死の生理学を習得するうえでの土台を築くことができます。ここで、実用的な考え方について述べてみましょう。身体の調子が良いなら、それを治そうなどと思わなくて大丈夫です。幸せで健康であるかぎり、あなたは永遠に生きられる気がするでしょう。そして、幸せや健康を失ったときには、習慣を変える必要があるとあなたにはわかります。あなたの魂と身体の神秘を解き明かせるのは、あなた自身だけです。

人間の身体は滅びやすいものではありますが、しかし非常に頼もしく、奇跡的なものです。驚くほど酷使しつづけないかぎり、身体が役に立たなくなることはありません。そして酷使をやめると、身体はたちまちに私たちを許し、みずからを癒しはじめます。身体のうちにある神の生命や知力は、私たちの合理的な心よりずっと強力なのです。人間が死ねるということは、肉体の不死よりもはるかに奇跡的なことなのかもしれません。

単純にいえば、死の原因とは体内の汚染にほかなりません。つまり、食物や毒素による肉体の汚染と、他人の影響による、また自分自身で蓄積してきたエネルギーの汚染です。食べ物も人もそれだけでは本質的に無害ですが、摂取しすぎてしまう可能性があります。過剰摂取はあきらかなときもあれば、非常に微妙なときもあります。たとえば、肉食によって心臓麻痺や癌で死ぬといっても、その前に二十五年から五十年は肉を食べつづけられるわけです。

肉体やエネルギー体の汚染を摂取する前に取り除くことを、私は霊的浄化のゲームと呼んでいます。このゲームに勝てばそれだけ、私たちは霊のうちに生きる機会を多く持ち、人生をコントロールできるようになります。しかし、霊的浄化のゲームに負ければ、私たちは老化と死への道をたどることになります。

以下にあげるのは、あなたの寿命を二倍あるいは三倍にし、かつ若さや健康、知力はそのままに維持するための短いリストです。もし望むならば、寿命を永遠にしてもかまいません。以後の章では、霊的浄化について、より細かく述べていきます。

①　否定性を減少させるために、思考や感情に働きかける行法を習得する。

②　霊的呼吸法を習得し、毎日それを実践する。吸う息と吐く息とを結合させた呼吸を、リラックスしたリズムで少なくとも二十回すること。その際、エネルギー体を意識しなければならない。

③　毎日、お湯や冷たい水に浸かって、水の浄化を学ぶ。そしてそれが、エネルギー体を清めたり、誕生時のトラウマや子宮内の意識などを解消するうえで持つ意義を学ぶ。お湯の中で毎日一時間、瞑想をすれば、誰もが霊的マスターになれるのである。

④　オーム・ナマハ・シヴァイ、イエス・キリスト、エホバなど、神の名を毎日唱える。マントラ・ヨーガを習得する。

⑤　肉体の不死について、すなわち霊、心、身体の永遠の命について、個人的な哲学を築き上げる。

⑥　家族の伝統や過去生、文化などから吸収した、個人的な死の衝動を解消する。

⑦　年に数回、三日間の断食を行ない、食べ物や食事の真実に気づく。意識的に風呂に入り、呼吸をし、火の浄化を行ない、また一連のエクササイズを行なうことによって食事が変化すると、ほとんどの病を治せる。

⑧ 実験として、寝たり寝なかったりしてみる。

⑨ 以上のアイディアをすべて実践している霊的コミュニティーに参加する。

⑩ 身体の症状にあらわれた感情的メッセージを読み取ることを学ぶ。そのうえで、アファーメーションや呼吸、健康法などを使ってそれに対処するやり方をおぼえる。

⑪ エクササイズの役割を学ぶ。

⑫ ヘラカン・ババや、そのほかの不死のマスターたちについて研究する。

以上のアイディアが魅力的に思えるなら、それはあなたが霊的に成長しているためです。あなたには準備ができています。エクササイズを一度に一つずつやってみれば、簡単にできることがわかるでしょう。急ぐ必要はありません。以後の章では、以上の提案についてもっと詳しく述べていきます。でも、まずはしばらく、実際に不死身になった人々や、私がこの魅力的な研究にどのようにして関わるにいたったのか、について語ってみたいと思います。

2章　不死身のヨギ：生けるマスターたち

ほとんどの人が人生で何度かは、「不死身のヨギ」という言葉を聞いたことがあるでしょう。けれども、不死身のヨギに会ったことがある人は、まずほとんどいません。だが私は、不死身のヨギが実在するかどうかを確かめるために時間と労力を惜しみませんでした。そしてそれは、私の人生で最も魅力的な探求でありました。

私は大勢の不死身のヨギについて耳にしてきましたが、実際にそのうちの八人に出会っています。男性も、女性もいました。この卓越した人々について調査するにあたり、同一の肉体で最低三百年間生きていること、を私は基準にしました。そしてこの八人のうちの三人は、二千年以上も地球に住みつづけています。ある日などは、私はオランダでラーマとシータに出会いました。彼らはみずからの意志で地上にやってきたり、去ったりすることができます。十三万年の長きにわたる二人の関係を、私は驚きをもって見たものでした。彼らは心底、惹かれあっていました！　今日、地球上には、少なくとも数千人の不死身のヨギがいますが、そのほとんどがヒマラヤに住んでいます。彼らのあるグループは、インドの有名な沐浴祭、クンブ・メーラにいつも姿をあらわしています。

不死身のヨギについてのありがちなイメージは、洞窟に住んでいる独身の隠者というものでしょう。しかし、必ずしもそうではありません。男のヨギばかりでなく女のヨギ（女性形は「ヨギーニ」になりますが）もいますし、インドの聖典の伝統では、妻子をもって家庭を築いたとしても、完全な解放や悟りを得るうえで差し支えはないとされています。たとえば、多くの不死なる身体を持つシヴァやラーマ、ヴァシシュタ、ババジなどは妻や子どもがいます。

悟りの状態に完全にとどまっているヨギたちは、何百年たっても学習能力を向上させていますし、高まった力を身につけつづけています。彼らが教えてくれているのは、真実やシンプルさ、愛をもって**神の臨在**を実践することが、健康と活力を絶やさないための永遠の必須条件だということです。しかし、いつなんどき独善や無意識が介入して、堕落や死を生み出してしまうかもしれません。この堕落や、落ちるところまで落ちてしまう人格にまつわる昔話は数多くあります。

私が見たかぎり、永遠の命は楽しいものです。出会った不死者たちはみな、楽しい時を過ごしていました。肉体をもって永遠に生きる技術とは、人生を楽しむ技術です。豊かな生活は、永遠の命の秘訣です。そして、いつでも身に活力を感じていることが、喜びの源泉なのです。

このような、賢明で、慎ましく、傑出した人々に会うときに私が驚くことの一つは、彼らのそばに暮らす人々の大多数が——とりわけ、私たち西洋人が——不死身になることにほとんど、あるいはまったく関心を持っていない事実です。これはいまでも、私にとって大いなる悩みの種です。自己評価に問題があるせいでしょうか。ひどい物質主義のせいでしょうか。人間の魂は霊的に無知なのでしょうか。想像力が欠如しているせいでしょうか。少なくとも明らかにいえるのは、思考が限定されているということです。しかしどうして、人間の能力に対する評価や、自分自身の能力についての考えを人々は限定してしまうのでしょう。

生命の探求法の中で、不死身の人間を生み出せるのはヨーガだけではないかと思われます。モーセやエリヤ、イエスがみな、インドの不死身の行者のもとで研鑽を積んだという証拠があります。こうした行者について読んだとき、私が最初にいだいた疑問は「彼らは今でも生きているのだろうか」というものでした。一九七七年、不死身のヨギを探し出し、目《ま》の当たりにしようと、私ははじめてインドを旅しました。最初の旅では見つけられませんでしたが、二度目の旅で、彼らを見つけました。一人目は、ヘラカンのババジです。ヘラカンはカイラス山とは河を隔てた村で、ウッタル・プラデシュ州ハルドワーニの近くにあります。カイラス山はシヴァ・ヨギ——**永遠の若者**——の住処として歴史的に有名ですが、ババジは実際、この**永遠の若者**そのものです。聖書では、彼は**主の天使**と呼ばれています。彼は人間の形をとった**父なる神**です。本書ではあとに一章を割いて、この驚くべき存在を取り上げます。

イエス・キリストは西洋では最もよく知られた「不死者」です。ほかにも、イエスと似たような人生を送った聖人たちもいます。彼らは死を克服し、みずからの身体を非物質化し、ふたたび物質化できるほどに進化をとげました。つまり、死なずに別の世界に入ったのです。生きたまま、この宇宙の外に出る方法があるわけです。

多くの西洋人もこうした能力を獲得しています。アメリカ合衆国のアナリー・スカリンは一九六〇年代にこの力を獲得しています。また、フランスのサン・ジェルマン伯爵は最も有名です。キリスト教にとってのイエスがそうであるように、このような聖人たちは宗教のよりどころになっています。しかし、西洋世界に暮らす私たちは霊的に非常に貧しい状態にあるため、聖書の聖人しか知ろうとしません。

私はかつて、イエスは不死を達成した唯一の存在だと信じていましたが、さまざまな事実を研究した結果、考えを変えざるを得なくなりました。ババジに会ってからは、彼がイエスよりずっと前から生きており、かつイエスの教師であり、指導者であったことに気づかされました。

聖書は五人の不死者を紹介しています。エノク、メルキゼデク、モーセ、エリヤ、イエスです。聖書は特に、最後の三人が四十昼夜にわたって食べることも、飲むこともしなかったと述べています。また、この死を克服した五人全員が、神に対して真摯な関心を抱いていたとも伝えています。彼らは肉体的な死を克服したからこそ、聖書の中の英雄なのです。

エリヤは、カルメル山であきらかになったように、聖書における火のマスターでした。彼は死を経験することなく昇天しました。炎の戦車に乗って昇天したことは、彼のライフスタイルを象徴しています。それから七百年後に洗礼者ヨハネとして戻ってきたときには、彼はもっぱら水の浄化を行ないました。ヨハネとして死んだあとでは、イエスの変容の場面でモーセとともに姿をあらわしています。

エリヤは火のマスターでしたが、その栄光の時期には愛ややさしさを欠いており、「邪神」――すなわち異教――を信仰する男女や子どもを八百人も殺害しました。その罪を贖《あがな》うため、数世紀後に洗礼者ヨハネとして肉体を得たときには、敵に首をはねられたのでした。

これら不死者の人生は神にささげられたものであり、不死なるババジによって教えられた霊的浄化に支えられています。しかし、聖書は永遠に生きるためのルールも、心や身体を支配する方法も教えてくれません……。実際、ユダヤの信仰においても、キリスト教の生活においても、聖書の目的は永遠の命なのですが、それをどう実現すればよいかについては明確に記してはいません。しかも、ここ二千年の教会史においては、不死なるキリスト教徒は存在しません。キリスト教会は最少の不死者しか生み出してこなかったわけですが、その理由は、教会が生命よりも教義を重んじてきたからにほぼ間違いないでしょう。人生の目標は死んで天国に行くことだという教義は、いっさいの探求を停止させてしまうからです。このような浅薄な教義は、真実、シンプルさ、愛を実践する本当の信心深さの代わりにはなりません。つまり、西洋の科学や哲学は、不死身のヨギにはまったく及ばないのです！

しかし、現代の不死身のヨギたちが日ごろ、死の脅威から解放されるために行なっているのとそっくりな霊的浄化の行法を、聖書に登場する古代の不死者も実践していたことをうかがわせる記述はあります。霊的な解放と悟りは同じことを意味します。それは感情的な心を完全に癒すこと、そしてそれによって健康な身体を得ることを意味します。また、被害者意識を取りのぞき、みずからが目標や願望の原因となることを意味します。必然的に死をまぬがれ、至福のうちに生きることを意味します。

さらに、霊、心、身体を統合することと、身体を癒す力を手に入れることを意味します。霊的な覚醒とは、エネルギーはみずからが考えるものになる、と気づくことからはじまるのです！

以下は、解放と悟りにいたるための最低限の条件を、短いリストにまとめたものです。

＊肉体の不死を選ぶ。死を信じる観点ではなく、肉体の不死を信じる観点から、完全な人生哲学を築きあげる。

＊エネルギー体に気づく。

＊マントラ、地、風、水、火、そして愛の行によって、エネルギー体を浄化できるようになる。

＊霊的浄化の練習を十分な年数行なうことで機先を制し、感情的な汚染エネルギーを取り込むまえに癒せるようになる。

＊グルの原則を正しく理解する（グルとは、人々に彼ら自身の本性が神であることを思い出させる平凡な人物である。G-U-R-U=Gee, yoU aRe yoU!　つまり、「おやまあ、あなたはあなたなのだね！」）。１３９ページ参照。

＊霊的な成長や悟りを支えるようなライフスタイルを選択する。

＊あらゆる宗教の偉大な聖典に関する知識をしっかりと身につける。

＊霊的なコミュニティーをつくる。

＊人間の姿をした**永遠の父**、ババジと良好な関係を持つ。

＊家族の伝統から受けついだ死の衝動を解消する。
＊加齢が引き起こす病を癒す。
＊職業、繁栄、市民の責任などに満足を見出す。

生命の木を食べるとは、**神の臨在**を実践することですが、それこそが今でも、**永遠の命の源泉**なのです。神は知恵、平安、楽しみ、悟り、物質化、そして永遠の命の源泉です。すなわち、神に帰依することが、人がいつまでも元気でいるための科学の源泉なのです。

不死身のヨギになろうと選択すれば、あなたは今、この場で不死身になれます。ただ難しいのは、不死身のままでいつづけることです。そのためには明らかに、**永遠に今**、この選択を身につけている必要があります。それは、私たちの神なる本性と調和しているということです。つまり、自分は本来、神の子である、ということを、苦もなく永遠に覚えておきさえすればよいのです。

3章 老化と加齢を克服する

前章で述べましたように、私はこの研究をはじめてから多くの不死身のヨギについて知りましたし、また実際にそのうちの八人に出会いました。私が会った不死身のヨギたちはみな、まさしく意識的に、自然に生活しています。彼らが見せてくれているのは、私たちが自分の肉体を不滅にして、不死身の光の身体《ライトボディ》へと進化させられるということだけではありません。映画『スター・トレック』でやっているように、身体を非物質化し、ふたたび物質化するやり方を学べる、ということも見せてくれているのです。

肉体の不死と変容は、死を完全に克服するうえで基礎となる二つの道です。究極的には、人間の身体はエネルギー・システムなのです。身体の光の本質を支配すれば、人体を非物質化できると私は確信しています。つまり天国に行き、帰ってきて、自分の身体を取り戻すことができるというわけです。アナリー・スカリンはこう言っています。「死は別な世界に通じる陰うつな裏口だが、勝者には栄光の表門が大きく開かれている」と。みずからの秘められた神性に気づいている人々は、天地の境をなす扉を出たり入ったりできるのです。

私自身について言えば、両親から受け継いだ死の衝動を一九六七年に癒すことができました。そしてそれ以降の十四年間は、努力することなく成功や幸福を経験しました。一九七四年にはリバーシングを発見し、肉体の不死の観念とともに、世界中の何十万という人々に広めるにいたりました。それは一九八一年までつづいたのですが、しかしその年に、私はふたたび死の衝動を癒さなければならなくなりました。自分の弟子たちから死の衝動を受け取ってしまっていたからです。その衝動は両親から受け継いだものより十倍もひどいものでした。簡単に説明すると、その時の死の衝動を癒すには、一年間も一人で森にこもり、火に当たっていなければならなかったのでした。世の中で、死すべき人々に混じって活動しているうちに、私たちは死の衝動をふたたび吹き込まれる可能性があります。だから、火の浄化などの方法によって、それを癒す力を身につける必要があるわけです。

一九八一年を乗りこえると、一九八八年までは私の人生は順風満帆でした。ところが、一九八八年から一九九三年のあいだ、私は心と身体の両面において、老化による病をいろいろと癒すことになりました。その中には、癌、関節炎、また心臓や消化器、肝臓の疾患など、末期的な疾患が八つもありました。

身体を去る言い訳を与えてくれる末期的疾患がたった一つあれば、私たちは死すべき者になれます。しかし、不死身でいるには家族の伝統や魂のカルマ、ライフスタイルなどによってもたらされた、すべての末期的疾患を癒さなければなりません。肉体の不死を信じることは病や加齢といった、人間が直面する境遇のうちの否定的側面を避けることではありません。それは、そのような側面を変容することです。すべての病はヒーリングの力を持つ危機であり、私たちに何かを教えてくれています。すべての病は若さの秘訣を含んでいます。家族による条件づけや死の衝動によって、私たちは加齢のプログラムを抱えこんでしまっているかもしれませんが、それを乗り越えて生きることは可能です。

私たちは人間としての条件づけを抑圧することも否定することもできません。しかし、それを手放すことはできます。浅薄なポジティブ・シンキングは身体の記憶を変えられませんが、癒しをもたらす危機はそれを変えられます。病気に精通し、加齢を生き抜くと、私たちは現実的で実際的になるからです。形而上学では誰も不死身にはなれませんでした。だが、ヨーガではなれたのです。

目指すべきは、人間の境遇から忍耐や知恵、思いやりを学ぶことであって、そのような境遇など存在していないふりをすることではありません。

老化を癒す

霊的浄化やリバーシング、また永遠の命のヨーガを指導する経験を、私は年を取ってから新たに築いてきました。それは、私の弟子たちの前に死が立ちはだかるたびに、私自身も死とくり返し向き合うことを意味しました。弟子たちよりずっと楽に死と向き合えるとはいえ、それは私にとっても生命を脅かす困難な仕事です。私だって、しばしば死にたい気分にもなりますし、被害者になるのが楽しく思えるときもあるのです。しかし、これまでに何度も同じような心理状態に直面したことがあるので、もはや騙されることはありません。

加齢と老化は、人間の境遇にとっての最後の試験です。あなたはそれに合格するか、さもなくば死ななければなりません。あなたも私のように老化を卒業できますが、それには正しい行動と適切な支援が必要です。老化による病気を癒すためには、まずは火の浄化を身につけなければなりません（12章参照）。

生き残れる人はほとんどいません。しかし、私たちは生き残れます。私たちは老化を乗り越えられるし、加齢による病気を癒せます。しかし、目的意識や動機を持つためには、肉体の不死の哲学を十分に吸収しなければなりません。少なくとも、不死が可能であると思えなければなりません。聖書のヒーローや不死身のヨギはみな、私たちを励ますためにそばにいてくれます。そして、人生のすべてが、老化に準備するための機会となります。老化を乗り越えることは、肉体の不死の生理学における重大な側面です。

老化は、完全な霊的覚醒をおのずとさまたげる、大きな原因の一つです。老化とは、基本的に幼児期の意識です。それは体内に蓄えられ、あるいは滞っている感情や記憶を、精神物理学的に再体験することです。ここで言及しているのは、私たちが身体と呼んでいる複雑な物質的器官のことばかりではありません。霊体、感情体、エネルギー体も含めて考えています。肉体は、魂を具現化したものです。心においては肉体と魂を分けて考えられますが、実際には両者は一つの霊のあらわれにすぎません。

幼児期は無力感や絶望感の原因となっています。生まれて数ヵ月のあいだ、私たちは食べることも、体を拭くことも、さらには寝返りを打つことさえ自分の力ではできません。こういう状態はリハビリセンターで見られますが、老化は大人になっても抱いている幼児期の意識によって引き起こされているものです。

幼児期の意識には、誕生時のトラウマよりも大きな影響力があります。出産はせいぜい数分から数時間しかかからない体験ですが、幼児期は少なくとも二年はつづきます。しかも、幼児期の感情を耐え抜くのはフルタイムの仕事です。人は睡眠や触れあい、食事などに対する深い欲求を持っているからです。そして、老化とは未解決の感情の集積なのです。けれども、すべての欲求の深層には神への——**一なる永遠の霊への**——欲求が存在しています。

ひとたび老化を突き抜けたなら、人生はまったく変わっています。あなたは、自己向上が生涯つづくだろうと実感するのです。老化を克服して死なずにいられれば、霊的な解放が待ち受けていると感じることでしょう。自由を味わうことでしょう。

私たちは老い衰えるまでずっと、家族や民族の条件づけの牢獄に閉じ込められています。だから、老化の意識に勝利することは死に対してだけではなく、条件づけに対しても勝利することになります。すると身体は解放された心に従うようになり、それまでの人生でずっとつづいてきた、痛みや制限をもたらすパターンを手放せるようになります。勝利や悟りが自然なものとなるのです。

幼児期の意識をあらゆる層で手放すと、エネルギー体が軽くなり、心と身体の健康がゆるぎないものとなります。葛藤や焦りが少なくなり、充実感が強くなり、人生が秩序だったものとなって行動が穏やかになります。神や世界への反応が否定的ではなくなり、願望がすばやく実現します。依存症や偏執症が治り、行動が増えて愚痴が減ります。そして、年を追うごとに心に余裕が生まれるようになります。また心が穏やかになり、より多くの自由時間や余暇が生まれます。すなわち、それほど多くのことを達成する必要がなくなるわけです。

火が持つ霊的な治癒力を理解すれば、年配者は老化が引き起こす病を治せますし、不死身の賢人として共同体の指導者になれます。ところが、ほとんどの人は被害者意識を植えつけられており、役立たずの、耄碌《もうろく》した年寄りになってしまいます。かく言う私自身も、かつては耄碌した年寄りでした。そして、老化がもたらす惨めさの深遠を覗き込んでいました。しかし、不死身のヨギたちから霊的浄化について学んだおかげで、栄光を手にし、老化を卒業できたのです。

老化は人生のどの段階でも起こり得ますが、老化が身に生じて、はじめて人々はその存在を信じます。そしてそのときには、絶望感や無力感にあまりにもさいなまれていて、老化を改善することはできなくなっています。結局、病院で死を待ち、破産状態になる人がほとんどです。しかしながら、老化を卒業した人は、若々しく、創造的で、生産的な人物として社会に戻れます。

死の衝動を解消できた年配者は、心と身体のうちに若さの泉を見つけ出せると私は信じています。しかし、そもそも疑問に思うのは、なぜ人々が六十、七十年生きていて、若さの泉を見つけ出せないのかということです。その答えは、社会における子どもの扱われ方にある、と私は信じています。ほとんどの人が、幼いときに内なる神の子が抑圧される経験をしています。あまりにも多くの子どもが、神なる本質を打ちのめされてしまったということです。死を志向する精神構造を持っており、みずからもかつて、親に認められなかったという傷を抱きつづけている大人が周囲にいる場合、子どもは安全ではありません。自分の神なる本質を抑えつけることには大きな痛みをともなうし、また非常な努力が必要になるので、心や身体が病におかされ、死にいたることになるのです。そうですが死や破滅は、私たちがみずからの神なる本質に嘘をついているうちに最後におとずれるものです。好むと好まざるとにかかわらず、私たちは輝かしい神の子です。

老化とは、神の子としての本質を内面に、再発見する過程です。それは、あなたを若返らせはじめる、自然な形の原初療法《プライマル》です。若返りは何歳からでもはじめられます。その方法は、年を重ねることを考えるときにリラックスして、老化やその醜さに対する恐怖を手放し、ひいては老化についての思考そのものを手放すことです。

否定的な思考を手放したとき、あなたの本質である神の完全性は感情と身体とをおのずと癒す性質をもっています。**永遠の命と**霊の本質の一つは、若々しさです。そうしたいときはいつでも、あなたは心と身体を若さや健康で満たすことができます。遅すぎるということはありません。たいへんな作業には感じられるかもしれませんが。

4章 霊的浄化〔要点〕

一人で研究をしたり、生存している不死者たちと交際することによって、私はエネルギー体に完全に気づくことができました。エネルギー体は不死なるものです。このエネルギー体に気づくことこそが霊的な気づきであって、それなしでは霊的浄化を行なおうという動機も生まれません。永遠の命を得るための究極の秘訣はエネルギー体をきれいにすることであり、それこそが霊的浄化にほかならないからです。それを達成するための通常の方法は難しいものではなく、簡単で楽しいものです。実際、永遠の命の秘訣が楽しいことや、死の原因が不幸を生み出すことは、偶然ではありません。

不死身のヨギがほんのわずかしかいない理由は、人々が一つか二つの霊的修行を終えただけで学ぶのをやめてしまうことにあります。これは悲劇です。神は、人間のための身体と心のオーナーズ・マニュアルを用意してくれています。そのルールは本性に組み込まれています。つまりルールは、それを知っている者には簡単で明白ですが、それを知らない者にとっては大きな謎になります。

マントラ（心）、地（食事、エクササイズ）、風（意識的な呼吸）、水（意識的な入浴）、火、愛は、神が人間のオーナーズ・マニュアルに書き込んだ基本ルールです。簡単なものですが、不可欠なものです。しかし、こうした霊的浄化のテクニックについて詳しく説明する前に、エネルギー体について短くお話ししましょう。

肉体は複数のエネルギーの輪によって作られ、維持されています。このエネルギーの輪は、サンスクリット語ではチャクラと呼ばれています。主に七つのエネルギーの輪があるのですが、すべての臓器にもチャクラはありますし、実は一つひとつの分子自体がエネルギーの輪なのです。人間の身体を霊的な目で見れば、太陽系や銀河系のように映ります。普通の人間の身体は、日常において輝かしい奇跡なのです。それは単なる肉体以上のものです。

人が別の人のそばにいるとき、人間の持つオーラの輪が浸透しあい、感情エネルギーの交換が行なわれます。私はこれを感情エネルギーの汚染と呼んでいます。たとえば、飛行機の中の雰囲気は、非常に濃縮された気分の悪いものです。飛行機に乗ると、とりわけ消化不良や頭痛、意気消沈、暴力的な夢などにさいなまれますし、ときには自殺したくなったりもします。

航空会社の職員はこのような影響を強く受けますが、しかし、重いエネルギー汚染を最も受けやすい職業はリハビリセンターでの仕事か、末期患者のための仕事です。若いスタッフでも、その多くが患者と同じ症状で死んだり、年齢よりも老けてしまったりします。

肯定的エネルギーや否定的エネルギーの種を受け取っても、すぐには何も感じないときもあります。そしてあとになって、そうした種にひどく驚かされることになるのです。理性的な心が因果関係に気づかないうちに、友だちや恋人との関係で打ちのめされたり、信じられないほどの成功をおさめたりするわけです。エネルギーが充満していることや、それがどのような情報を伝えているかについて感知し、測定することは、一つの覚醒の作業です。

私たちはほとんどの時間を健康的な環境で過ごせるような、また適切な援助を得られるような選択をしなければなりません。肉体の不死の哲学を述べたり、霊的浄化を行なっている人々を周囲に見つけ出すか、または創り出すことができれば、私たちは不死身になれます。肉体の不死を信じている人でも、死すべき人々に囲まれて暮らせば、たいていは死んでしまいます。なぜなら、死すべき者の精神構造に飲み込まれてしまうからです。反対に、死すべき人々が不死者の共同体で暮らせば、不死身のエネルギーや思考から滋養を受け取って、永遠に生きられるようになる可能性があります。このように、環境の選択は非常に重要なことです。

加齢は加齢の意識によって生み出され、病気は無知によって生み出され、死は死の意識によって生み出されます。つまり現実は、私たちの心によって創られるということです。しかし、私たちの感情的な心も合理的な心も、ともに環境によって作られ、コントロールされかねません。それは、私たちは一緒に過ごす人に似る傾向にあるからです。

他人が自分のエネルギー体におよぼす影響に気づいたうえで、エネルギー体を洗浄すべく、日々、霊的浄化を行なう必要があります。エネルギー体を洗浄するゲームに勝てれば、私たちは年を追うごとに健康になり、活き活きとしてきます。いっぽう、この霊的浄化のゲームに負ければ、私たちは年を追うごとに身体はこわばり、死んでいくことになります。生命を支配するには、正しい習慣と**神の臨在**の実践が必要なのです。

神の臨在を実践するとは、その実感がなくても、自分の心と身体の源は**永遠に生きつづける**霊、あるいは**永遠に生きつづけるエネルギー**であると自覚することです。私たちが病気をしたり、孤独であるときも、神はそばにいてくれます。意気消沈し、怒りを抱いていても、肉欲や罪を持っていても、実際には、私たちが**神の臨在**から切り離されることはありません。ただ切り離されたように感じられるだけです。感情を変えれば（つまり、悔い改めれば）、また神を感じられるようになります。神を感じているとき、私たちは愛と平和、喜びと調和、霊感、創造性、知恵などを感じているのです。

これが、マントラ・ヨーガが重要である理由です。マントラとは神の名です。神の名をつねに忘れないでいて、くり返し唱えるとき（たとえば「オーム・ナマハ・シヴァーヤ」と唱えるとき）、私たちは言葉や思考の力を使って醜い感情を消し去り、神を実感できるようになります。

臨在を実践するとは、平和と愛や霊感を感じることだけではありません。そうは感じられないときでも、この**臨在**が私たちとともにあると確信を持って思い出し、知ることなのです。

この本で紹介する霊的浄化法を少し見てもらうだけで、これこそが聖書におけるキリストの教えだけでなく、世界中のあらゆる偉大な宗教の主題であるとわかるでしょう。それぞれの方法を控えめにでも実践すれば、自分の人間性ばかりでなく、あらゆる人々の神性を進化させられます。

霊的浄化を継続的に行なうことはヨーガと呼ばれています。ヨーガは生命科学です。それは神を悟るための科学です。肉体の不死のヨーガを行なうには、心（マントラ・ヨーガ）、コミュニティー（愛に満ちた関係と政治的責任）、聖人たちへの敬意だけでなく、火、水、風、地の基本元素をも取り入れる必要があります。

私の友である不死身のヨギたちは一人として、永遠の命の秘訣を与えてはくれませんでした。ただ、それが内面にあることに、だんだんと気づかせてくれたのです。彼らは模範を示しながら、生死の法則について教えてくれました。それを言葉にしてあなたに聞かせるのは簡単ですが、その真意は実践と内なる気づきによってしか理解できません。永遠の命の力は、改心によってやってきます。つまり、ライフスタイルを変えなければなりません。以下に示したのは、そのための手段です。

ここでは短いリストのみをあげ、各項の詳論はのちに行ないます。

① 心

＊思考の質を管理する。
＊マントラ・ヨーガを行ない、アファーメーションを実践する。
＊瞑想と分析と驚くべき効果（ラージャ・ヨーガ）の時間を過ごす。
＊感情的な心と死の衝動を癒す。
＊偉大な文献や聖典（神の言葉）を読む。
＊死ではなく、命や、自分が実際に元気になることを選ぶ。

＊信仰の力を学ぶ（バクティ・ヨーガ）。

② 風

＊空気だけでなく、エネルギーを呼吸できるようになることを学ぶ（プラーナ・ヨーガ）。
＊リバーシングを習得する（誕生時のトラウマや死の衝動などを解消する）。
＊鼻孔交替呼吸法を習得する（11章を参照）。

③ 火

＊火の浄化と火の儀式を学ぶ。
＊日々の生活に火を取り入れる。
＊火は食物と同じくらい、人間の健康にとって大切であることを思い出す。

④ 水

＊バスタブでプラーナヤーマをする。
＊一日に二回、風呂に入る。
＊良い水を飲む。
＊エネルギー体を洗浄する科学を学ぶ。

*平安とリラクゼーションを実現する。

⑤　地

*食物の支配を学ぶ。身体は実際には、どれほどの食料が必要なのだろうか。

*菜食主義は霊的覚醒の基礎だと認識する。

*自分のエクササイズ・システムを確立する。

*聖なる経験を築きあげ、聖なる能力を発揮する。

*マッサージやボディーワークを行ない、また、パーカッションの類を演奏する。

⑥　人間関係と愛

*感情エネルギーの汚染に気づく。そして、他人のエネルギーに対処する最善の方法に気づく。

*霊的コミュニティーに参加する。

*地方政治や地域の代表選出制度に参加する。

*霊的指導者を尊敬し、その教えを受ける。

⑦　恩　寵

*信仰の意味を学ぶ。

＊神の臨在を実践する。
＊恩寵ばかりに頼り、ルールを無視するようなことをしない！

以上のシンプルな実践方法は本性に組み込まれた法則のようで、これを行なえば心と身体を支配できます。以上は不死身のヨギたちも実践しており、永遠の命を自然と作り出す方法です。そして、すべての人が心の力や身体の力ではなく、霊の力によって生きられるようになることが必要なのです。私はここであげた方法を実践すると、身体を本当に支配したという感覚をおぼえます。以上の方法は浅薄なものではなく、練習や忍耐は必要です。エネルギー体を気づかったり支配したりしなければ、肉体を支配することは意味を持たず、長続きもしないことになります。なぜなら、エネルギー体こそが肉体の源泉であるからです。つまり、究極のヒーリングはエネルギー体を意識することによって生じるのです。

永遠の生命は活動中の意識です。そして心、エネルギー、地、風、水、火は、神と人との両方の意識にとって根本的な要素です。人は地、風、水、火とどれほど意識的な関係を築いているかに応じて、そしてもちろん、あらゆる意識、生命、存在の源である神のエネルギーとどれほど意識的な関係を築いているかに応じて、神聖となるのです。

さてここで、私が「霊的浄化の強者たち」と呼んでいるものについて、少し詳しく触れたいと思います。それは簡単な方法ですが、エネルギー体を清浄にし、そのバランスを取り戻します。また、それは永遠に恩寵の伝達手段であり、人間の健康と元気の秘訣でもあります。知恵、平安、そして喜びさえも吹き込んでくれるものです。また、世界中のあらゆる救世主がなした業でもあります。

強者たちのうち、最初の四つは、風、火、水、地です。これらは神の物質的性質です。永遠でありながら常に動き、形を変えつづけています。ありふれた物ながら、同時に奇跡的でもあります。もし、心と地、風、水、火を同時に使えば、世界で最も強力なヒーリング・ツールを手にすることになります。これらの秘密を知ることは、永遠の生命の秘密を知ることでもあります。

地、風、水、火はすぐれたヒーリング手段です。裸火のそばに座っていれば、あらゆる病気を治せるのであり、これ以上のヒーラーはいません。しかしなかには、水を使ったほうが効果的に治せる病もありますし、呼吸、断食や適切な食事、心のテクニック、最新薬のほうがうまく治せる病もあります。けれども、死そのものを癒すのでないかぎり、どのヒーリングも一時的なものにすぎません。

風

風の浄化とは、空気とともに、エネルギーもたえず呼吸することを意味します——つまり、プラーナヤーマです。私が実践している簡単なプラーナヤーマは、新生児のプラーナヤーマです。幼児は絶え間ない一つのリズムで、息を吸うことと吐くこととを融合させています。これこそが最も簡単で最も自然な、永遠の生命のプラーナヤーマです。結合呼吸を二十回行なうことは即効性を持つきわめて重要なエクササイズで、神経システムとともに血液をも洗浄するうえで役に立ちます。そして、リバーシングとはプラーナヤーマのことであり、リラックスしながらエネルギー呼吸を行なうことです。これは温かい風呂の中でやればとくに効果があります。充満した否定的エネルギーを完全に吐き出せるし、霊的呼吸によって自己を徹底的に洗浄できるからです。

意識的な呼吸は、おいしい食べ物などより大きな満足を与えてくれるご馳走です。

私はまた、鼻孔交替呼吸を日に三度行なっています。これはナディを清潔に保つために、ババジが私に教えてくれたプラーナヤーマです。呼吸についての詳細は、11章を参照してください。

火

ドゥーニに暮らすインドのサドゥたちを実際に見れば、火の浄化が持つ価値を知ることができます。ドゥーニとは、内部に聖火が二十四時間灯っている小さな建造物です。裸の火のそばに座ったり寝たりするとき、私たちのエネルギー体（オーラ）が持つさまざまな輪は、火の内を回転しつつ浄化されます。世間に関わることによって引き起こされた感情の汚染は、そこで焼き尽くされるのです。火と水は一つになって死の衝動を解消するが、それはエネルギー体をきれいにし、そのバランスを取り戻すからです。火は食べ物とおなじくらいに重要なのです。

ロウソクの火も有益ですが、大きな火にくらべればその効果は微かです。中でも火渡りの行は、火の浄化に至る通過儀礼にとって、すばらしい機会を与えてくれるものです。

火はおそらく、神の元素のうちで最も高次のものであり、利用にあたっては最大の知力を必要とします。私たちの文明においては、神の自然元素のうちで火は一番かえりみられていないでしょう。これが無視されているために、私たちは核戦争の危機を経験しているわけです。核戦争は、意識的に進んで火の浄化を行なおうとしない人々にとっての、無意識的な火の浄化です。今日の文明が火に直面しないでいることを可能にした当のテクノロジーは、核戦争を引き起こすことによって、数分で私たちを原初に戻してしまう恐れがあります。またセントラル・ヒーティングや電気ストーブ、電子レンジなどは、私たちの日常生活から火との直接的な接触を取り除いてしまいました。しかし、私たちはテクノロジーと富とを使って、あらゆる公園や街に火の寺院を建設すべきです。宗教や文明において、直接の火の経験をふたたび確立することが重要です。火についての詳細は、12章を参照してください。

水

西洋に暮らすほぼ全員が、室内に配管や給湯設備を持っています。そのために、現代の大衆は肉体の不死を実現しやすいのです。こうした設備によって、ほとんどの人が簡単に、不死身のヨギたちが行なっているのと同じく、日に二度、風呂に入れるからです。温水浴は霊的文明がもたらす最高の賜物である、と私は評価しています。室内の配管や給湯設備のおかげで水の浄化を心地よく行なえるようになったために、人間の寿命はこの百年で二倍になったのだとも信じています。お湯はチャクラを広げ、洗浄しますが、いっぽう冷たい水はチャクラを洗浄しつつ、自動的に閉じます。しかしながら、この科学とテクノロジーによる賜物も、意識的に使わなければ役には立ちません。

水の浄化を完全に理解するには、シャワーを浴びることと、全身を湯に浸けることの両方を行なわなければなりません。風呂の中で呼吸のエクササイズをやれば、その効果は大きなものになります。自然の場所には海や川、湖がありますが、とりわけ温泉は無限の価値を持っています。温かい水の中で呼吸をすると、冷たい水の中で呼吸をするのとは違う結果をもたらします。

毎日、水に浸かるだけで、しっかりとした霊的浄化を行なえます。しかし、十分な効果を得るためには、湯船や海、川に浸かる前、浸かっている最中、そして浸かったあとにも瞑想をすべきです。水に出入りするあいだ、深い思索をすることが大切なのは、水に入ることによって感情や心理状態がどのように変化するかに気づけるからです。湯船に横たわりながら考えにふける方法は、私の経験からすると最もすぐれた瞑想法です。

日々の入浴はエネルギー体を洗浄します。良い水を飲むことも大事ですが、日に二回入浴することは最も簡単で、楽しいエネルギー体の洗浄方法です。エネルギー体こそが肉体の源であるのですから、現世で不死身になるためには、私たちは入浴方法を学ばなければなりません。

地

地は運動、食物の支配、そして仕事を意味しています。日に一度、近所を散歩し、週に一日、水分以外は摂取しない日をつくるだけで、地球の生物は十分に永遠の命を達成できるかもしれません。ほとんどの人は飢えのせいよりも、食べ過ぎのせいで死にます。菜食は不可欠ですが、それだけでは十分ではありません。血流やエネルギー体を洗浄するには、一週間に一日は水分――はじめは牛乳やジュース。最終的には良質の水のみ――以外は摂らないようにしなければなりません。断食についての詳細は14章を参照してください。

地の浄化には好きな仕事を見つけることや、自分の仕事を愛することが含まれます。仕事は神や人々への最高の奉仕であり、この世で繁栄する秘訣です。繁栄とは、自己と他者にとって価値のあるアイディア、物、サービスを作り出すことを意味します。私たちが人からお金を受け取るのは、相手が喜んでお金を払いたくなるアイディアや物、サービスを与えたときです。満足できる仕事は、魂の喜びを引き出すものです。そのためには、自分の生活費を稼ぎながら人に奉仕しなければなりません。

地のヨーガには睡眠を支配することも含まれています。睡眠とは軽度の死――無意識――であり、やがては大いなる眠り（死）にいたるものです。睡眠によって人は無意識のうちにアストラル界に入れますが、同時に不愉快な感情は抑圧されてしまいます。そしてついには、身体は非常に不愉快な抑圧物の貯蔵庫になってしまうため、私たちはそれを墓場に置いて、永久に眠りの中へと逃げることになります。そして、おわかりのように、生まれ変わることになるのです。睡眠をマスターするためには、できるだけ頻繁に満月の夜は眠らないようにし、毎日、日の出前に起きるようにすることです。

マッサージやボディーワークを受けたり、パーカッションに耳を傾けることも、一種の地の浄化です。

心や身体を支配するには、こうした諸元素と意識的な関係を築くこと以外にも、いくつかの重要な条件があります。

心

この面でのヨーガは、思考の質を管理することを意味します。マントラ・ヨーガは神の名についての瞑想です。どの名前を使ってもかまいませんが、ババジは私に、「オーム・ナマハ・シヴァーヤ（Om Namaha Shivaiya）」は偉大《マハー》なマントラだと教えてくれました。これは燃える柴の中でモーセに与えられた名であり、また世界の偉大な宗教の多くに共通する名でもあります。ヘブライ語では「オーム・シヴァーヤ（Om Shivaiya）」を反対から発音して「ヤーヴェ・シム・オーメン（Ya Vah Shim Omen）」としています。また、カトリック教会は「オーメン（Omen）」を「アーメン（Amen）」に変えました。サンスクリット語をアルファベットにするとき、Omと表記されたり、Aumと表記されたりするからです。

このように神の名を唱える目的は、日々、心を曇らさないようにし、思考や感情の質を向上させることにあります。神の名は私たちが最もはやく、最も簡単にみずからの神性に気づく道を築き上げます。たえず神の名を思い出せば、私たちの意識は神と融合していくからです。これこそが、活力と知恵を得るための最高のテクニックなのです。

このテクニックは、私の日常の糧です。また、聖典などのすぐれた霊的文献を読むことでも、私たちの思考の質は高められます。たとえ百年かかろうとも、私たちには感情的な心を癒す必要があるのです。

人間関係と愛

霊的浄化を行なう目的は、より賢明で、愛に満ちた存在になることです。そして、正しい人間関係を持つことが、完全な解放にいたるうえで最短の道です。人は私たちを困らせもするし、解放もするのですが、愛こそは**永遠の命**の秘訣です。愛の関係がなければ、永遠に生きたところで何の価値も喜びもありません。

責任ある市民になることは、民主主義が機能するための基礎でもあります。

私たちは不死身の聖者たちを尊敬しなければなりません。真の霊的指導者を見出し、彼らを支援しなければなりません。彼らは私たちに多くのことを教えてくれるからです。今日の世界には、真に偉大な霊的ヒーラーやグルたちが大勢います。なかでも、ババジはすべての不死者や不死の形式の源泉です。肉体を持ったババジとの出会いは、この世界が与えてくれる機会の中で最も偉大なものです。

恩寵

どのような霊的浄化の行においても、神の恩寵は潤滑油の働きをします。個人が健康や活力を得るうえで、恩寵と休息と信仰は重要です。そして、**神の臨在**を実践することは、良き人生の最高の目標と言っていいでしょう。

恩寵は宇宙の神の、きわめて人格的な面が差しのべられたものであるがゆえに予見はできません。浄化の儀式のために受け取れる恩寵の量や質は、私たちが神に対して抱く愛や、神が私たちに対して抱く愛によって決定されます。しかしながら、私たちと神との人格的な関係があらわになるのは、私たちが恩寵について瞑想するときです。つまり、恩寵と霊的浄化は永遠の逆説をなしているのです。

エネルギー呼吸、菜食、断食、意識的呼吸、自分に合った基本のエクササイズ・システム、火の浄化、またそれ以外でも簡単で、楽しい霊的な行を実践することは、明らかに人間の不幸や死を克服するための鍵になっています。霊的な行は日々、罪や死の衝動を取り除いてくれます。心と身体を支配するのはあまりにも簡単なことなので、私たちはかえって、みずからが死や破壊に突き進んでいる明らかな証を見落としてしまいます。

霊的浄化は、自己や他者を罰するために用いられるべきではありません。それは罪悪感から、あるいは何かを証明するために霊的浄化を行なえば、あなたは狂信的になったり、偏屈な人物になったりしかねないからです。まずは、思考やアファーメーションの実践、呼吸、メッセージの受信などを習得することです。考えること、呼吸すること、そして触れることによって、あらゆるものを癒せますし、人生をまったく楽しく、充実したものにできます。そして神の名前を唱えれば、否定性を完全に浄化し、あらゆる神聖な感情を呼び覚ますことができます。

以上のテクニックを用いれば、あなたの愛は質、量ともに増進します。あなたは温かく、愛に満ち、また愛すべき人物になります。

5章　宗教の失敗

宗教がもたらす劣等感は死を志向する心理に基づいていますが、自分の神性がそのような劣等感によって抑圧されることを人々はもはや望んでなどいません。死と「その後の天国」を力説してきた宗教は、地上の天国は建設しませんでした。本当のところ、地上の天国とは、実際的な現実にほかならないかもしれません。

ほとんどの宗教が成功していない理由は、その目標を肉体の外で――つまり、死後に――達成しようとしてきたからです。そして事実、諸宗教はその目標を達成してきました。聖典は、人間の身体を神の寺院と呼んではいます。しかし、もしいま、ここで神に出会えないならば、死は何の役にも立たないことでしょう。聖典の言葉は、人間の身体こそが唯一、真の教会であるという意味なのですから。私たちが永遠の命を手にするには、身体の内なる説教に耳を傾けなければなりません。だが残念なことに、人々は生ける神の寺院よりも誤った宗教を愛し、自分の身体よりも悪しき習慣を重んじているように見えます。

永遠の命を目指す人々の集りであるキリスト教会は、助け合いのコミュニティーであると考えられています。しかし、二千年の歴史を振り返るに、それはあまりうまくいっていません。今日の正統的なキリスト教は、死を志向する宗教となっているからです。キリスト教の妊娠中絶に対する態度が機能していないのは、いっぽうで胎児の死を非難しながら、大人には死を売りつけているところにあります。

私たちが、身体をもって元気に生きることに寄与しない宗教的伝統は悪です。生命の呼吸を行なって寺院から死の傾向を取り除き、心を健全な思考で満たしてはじめて、私たちは自分自身を救えるのです。あらゆる聖典の目的は、人類の歴史においてどのように死が作り出されたか、そしてどうすれば死を取り除き、永遠の命を具体的に達成できるかを教えることにあるのであって、そのことに気づく人の数も次第に増えつつあります。

教義と現実とが大きく乖離《かいり》してしまっていることが、キリスト教の顕著な特徴です。イエスは私たちの罪のために死んだ、という教義は、不死性についての真実を無にするものです。たとえば、イエスは十字架にかけられる前に、自分の死は弟子たちに肉体の不死をもたらすだろうと教えています。彼がそう信じていたのは、ユダヤ教では、家畜を生贄《いけにえ》に捧げれば罪を贖える、と考えられていたからです。彼はユダヤ教の伝統のもとで育っています。しかしながら、イエスはみずからの死を通して、人間の生贄は動物の生贄より役に立つわけではないことに気づきました。何人《なんぴと》も他人のために死ぬことはできないし、他人を救うこともできないとわかったのです。誰もが自由意志を持っており、自分自身を救うか死なせるかを、みずから決めなければなりません。しかし、二千年の時を越えたこの事実にもかかわらず、キリスト教会は、イエスの血は私たちを罪と死から救うと教えつづけています。聖書や教会史、また日常観察していることを調べれば、二千年間で、イエスの血によって罪や死から解放されたキリスト教徒など、一人もいないことがわかります。これは単なる理論にすぎません。すなわち、聖職者によって作り上げられた間違った教義なのです。

なぜキリスト教徒は、役に立たない安易な答えで満足しようとするのでしょうか。

イエスの死と復活の話を聞くと、私たちは自分にも同じことができるのではないかという気になりますが、それには方法を学ぶ必要があります。永遠の生命を得るための真の秘訣は、ごく簡単な、霊的な行です。完全に元気でありたいと望むあいだじゅう、私たちはその行をつづけなければなりません。宇宙とあなたの身体が持つ形式は、習慣によって維持されます。年を取っても同じ人でいられる唯一の方法は、同じ考えに戻ることです。思考の習慣が私たちのあり方を決めるからです。こうした習慣の質によって、私たちは生きもし、死にもするわけです。

私は四十三年前にキリスト教への信仰を新たにし、いまでも毎日のように好んで聖書について瞑想しています。しかし、単に肉体の不死を信じるより、イエスの血を信じたほうが罪や死から救われる、などということはまったくありませんでした。思考と態度を変えるから、罪を取り除けるのです。エネルギー体を洗浄するから、心身の病や、死を引き起こす感情的な汚染や知的な汚染を取り除けるのです。そして、人々を罪や死から救ったという信頼に足る実績を持っているのは、ヨーガだけなのです。

私は救われ、新たな生を与えられてきましたが、それでも毎日、自分で自分を救いつづけなければならないと気づいています。日々の霊的浄化を行なわなければ、私は惨めな心理状態に陥るし、身体はあちこち痛み出すことになります。

基礎的な行は、本性や心と身体に組み込まれています。その詳細は4章で論じていますが、人は行を「修了」することはできません――霊的な成長が止まることは、収縮し、化石となり、死ぬことだからです。イエスは絵空事にすぎない肉体の不死について説いていたのではなく、あなたが今の身体をもって享受できる肉体の不死について説いたのです。聖書にも「永遠の命という賜物が与えられる」と書いてあります。

イエスだけが永遠の命の使者ではなかったことを、西洋人のほとんどは知りません。正統的なヒンドゥー教の文献には、神が何度も肉体を持って生まれてきたことが記録されていますが、キリスト教徒は**子なる神**ばかりでなく、**父なる神**も肉体を持って生まれて来ることを知りたがらないようです。たとえば、聖書に登場する偉大な不死者メルキゼデクもまた神の子が受肉したものですが、キリスト教徒からは無視されています。聖書は「メルキゼデクはアブラハムの時代の、誕生も死もない不死身の王であった」と言っています。また、「ヘブライ人への手紙」には、偉大な不死者について説いた五つの章があり、イエスはメルキゼデクのあとを受ける、**いと高き神**の不死なる司祭と呼ばれています。ところがキリスト教徒は、メルキゼデクばかりか、エリヤやエノクが死を克服したことも忘れています。

人の姿をした神は、西洋でよりもインドで一般的です。その理由はあきらかに、ユダヤ教、キリスト教、イスラム教など、西洋の宗教が確立される以前に、インドでは数千年にわたって神が、人の姿で何度も生まれていたからです。インドにおける人の姿の神は、ヒンドゥー教、ジャイナ教、仏教など、東洋の宗教とくらべても何千年も古いものです。

キリスト教徒やユダヤ教徒は、聖書の歴史以前のこと——以降のこともそうですが——になど興味がないようです。エリヤ、メルキゼデク、エノクが肉体の死を経験せずに、昇天するのを可能にした実際的な意義や霊的な行について、現代のキリスト教徒はまったくわかっていません。正統派のキリスト教徒や「科学的精神」を持った懐疑主義者が、ヒンドゥー教徒などのインド人を、闇のうちに暮らし、霊的、物質的に救済が必要な人々だ、などと評するのはありがちなことです。しかしそのいっぽうで、**父なる神**が肉体を持って生まれてきた不死者たちがインドばかりではなく、世界中で死——肉体的な、またほかの意味合いにおける死——から忍耐強く帰依者を解放しつづけているのです。

キリスト教の正統的な福音主義の教えなどの体系的な神学にもとづく教義は、神を限定的な歴史や思考の狭苦しい箱に閉じ込め、支配しようとします。あるいは少なくとも、人々や天国への入り口を支配しようとします。しかし、イエスやババジに対する私の論考は、二人ともが既存の小さな箱にはおさまらないこと、すなわち、神学的な箱からたえず逃れ出てしまうことを示そうとするものです。人々が抱く教義とは相容れないという問題に、イエスは二千年前と同じように今日においても、どうしても直面してしまいます。

私はより大きな、より良い箱を作ろうとしているわけではありません。そのようなことをしても、イエスもババジも人間が作り出した、いかなる教義の体系にもおさまらないと判明するだけだからです。私たちにできるのは、この二人の不死者に関して知り得るかぎりの情報に思いをめぐらし、驚くだけです。この二人にまつわる神秘や、彼らと私たちを含む創造の全体をいれられるほど大きな箱も、本も、言葉もありはしないのですから。

6章 イエス・キリストの死

キリストが身代わりとなって人々の罪を贖った、という教義を疑えるようになるまで、私は二十年の歳月を要しました。

ある日、教会をあとにしようとしたとき、牧師が私に「イエスの血について瞑想をしなさい」と言いました。そこで私は、イエス・キリストの死について――それが、私やみなにとってどのような意味を持つかについて――瞑想することに決めたのでした。

まず私が認めなければならないのは、イエスの血に本当に注意を引きつけられたし、それによって感激をおぼえ、神や聖書や宗教に興味を持つことにもなりましたが、私の人生が変わることはなかったということです。血は私の罪を取り除くことはありませんでした。どの罪を取り除くにも、自己改善の原則にしたがって、非常な努力をしなければなりませんでした。私の人生におけるあらゆる変化は、自己分析をしたり、思考の習慣を変えることによってやってきました。――そのようなことを何度もくり返し、意識的に考える過程で心が新たな世界へと移行したとき、ふるまいも自動的に変わったのでした。イエスの死などより、人生を生きることのほうがずっと私を変えたわけです。

聖書を読むことや、ときには教会に行くことによって、私は大きな影響を受けました。しかし、よりいっそうの霊的影響を、湯船に浸かったり、一人で火に当たっていることから得たようです。ほとんどの教会は、病人や死にかけた人々でいっぱいに見えます。彼らはキリストばかりか、何人《なんぴと》の血によっても癒されることはないでしょう。実際のところ、その教義は癒しの妨げとなっているように思われます。教会に行くと、そこで行なわれる礼拝によって気分は高揚するかもしれませんが、ほかの人々の否定的な感情エネルギーに徹底的にさらされて帰ることになります。そのため礼拝だけでは不十分で、個々人が日常的に霊的な行を実践することが、必要だと私は気づいたのです。

第二に認めるべきは、キリストが身代わりに罪を贖ったという教義は、ユダヤ人が罪を贖うために、祭壇で家畜を焼いた習慣にもとづいている、と私は悟ったということです。自分の愛するペットでも、羊でも、馬でも、生贄にすれば、感情的なカタルシスを促すだろうことは理解できます。私は果物や穀物、アイスクリームなどを火にくべながら何度も火の行を行なってきたから、何を焼いても効果があることもわかっています。けれども宗教上の慣習として、動物の生贄を捧げることはもはや一般的ではないし、今日、動物や人（それが特別な人であろうとも）を生贄に捧げることは、二千年前のユダヤ人にとってのそれと同じ価値をもっているわけではありません。

第三には、イエスがほかの人々のために十字架上で死んだのはとても気高いことですが、それで彼の弟子たちは救われなかったし、また二千年間、キリスト教徒は救われなかったということです。私自身、イエスの死は罪や死を取り除いてくれると心から信じていたときも、そのようなことを体験しなかったし、罪や死から自由なキリスト教徒になど会ったこともありません。

だから、イエスが身代わりになったという教義は良い観念だが、まったく役には立たないものです。美しい観念ではあります。私も信じたいと思うし、実際、二十年にわたって信じていました。その観念は好きですが、しかし現実を見れば、私たちは自分自身を癒して健康を保たなければならないし、私たちのために死ねる人などいないとわかります。エノクやメルキゼデク、エリヤ、また不死身のヨギたちのように昇天《アセンション》する方法を身につけるまでは、誰もがみずからのためにのみ死ぬのです。そうならないためには、自分の感情的な心を癒し、**生命の木**から食べ、身体を支配して死を克服する方法を学ばなければなりません。

私はイエスに興味を引かれ、結果として霊的な道を歩みだしたのですが、ババジに出会い、地、風、水、火を使った簡単な浄化の訓練をはじめたとき、霊の面で劇的な成長を遂げるにいたったのです。ババジは人の姿をした**永遠の父**ですが、イエスは彼のことを、主の祈りの中で「アッバ」と呼んでいます。イエスの何よりもすぐれた点は、ババジを愛し、**神の臨在**を実践していたことです。これは、私たち一人ひとりが第一に目指さなければならないことです。聖書を研究する以前から、私は**神の臨在**を体験できたし、私だけでなく、誰もが永遠に体験できるものです。キリスト教やほかの宗教が役立つかどうかは、それが私たちをどれくらい神と同調させてくれるか、あるいは、私たちが神と同調しつづけられるような効果的な霊的浄化の行を、どれくらい与えてくれるかによって決まります。

第四には、イエス自身が生前と死後に、十字架についてどのように教えているかを比べてみようと私は思いました。磔《はりつけ》にされる前は、イエスは弟子たちに、そう信じる者は私の死によって救われるだろう、と説いていました。しかし復活後には、彼はヨハネとペトロに、二人がどのように死ぬかを述べています。聖書のこの場面では、イエスは自分の死が持つ力について、もはや幻想をまったく抱いていません。そのことに気づいたとき、私はこう思ったものです。もしイエスに、未来を見て、弟子たちの死について語る力があったのなら、どうして死を避ける方法を彼らに教えてやらなかったのだろうか、と。明らかに、弟子たちの魂が当時の状況とかかわりつつ進化を遂げても、死を克服しつづけることはできないとイエスは気づいていました。そこで、弟子たちが歴史において成すことになる貢献を甘んじて認めることにしたのです。つまり、イエスは二人のカルマを受け入れたわけです。

聖書学者は、どうしてこの相違に気づかないのでしょうか。

さらにイエスの教えを研究した結果、彼が救済の鍵として、悔い改め（心を変化させる科学）について最も頻繁に語っていることに私は気づきました。イエスはみずからの死と復活は予言していますが、身代わりに罪を贖う、というパウロの教義を支持する言葉など、ほとんど、あるいはまったく口にしてはいません。

イエスは言いました。「私の言葉を忘れない者は、決して死を見ることはないだろう」と。では、死を克服する力を私たちに与えるイエスの言葉とは何でしょうか。それは次のものです。「何者も私から命を奪うことはできない。私みずからが、それを捨てるのだ。私には命を捨てる力があるし、ま

たそれを取り戻す力がある。この掟は、私が父から受け取ったものである」（ヨハネ10章18節）

現代英語の訳文では、肉体の死は選択できる、とイエスは言っていることになります。私たちは自分の死に責任があるのです。これが本当だと気づき、イエスをふくめた不死者たちが行なってきているように身体を癒せるようになったならば、私たちは身体を復活させることもできるようになります。瞑想によって、この考え方をしっかりと身につければ身体を復活させられるし、ほかの思考もそれに同調するようになる、とイエスは言っています。これこそが、私たち自身の神なる本質を悟るということなのです。

私たちが力を与えるのでなければ、死には何の力もない、とイエスは教えようとしていました。私たちは無知のせいでみずからの死を作り出しています。父の許しと力がなければ自分はなにもできない、とイエスはくり返し述べていますが、このことは確かに、誰にでもあてはまります。神は私たちの計画をいつでも妨げる力を持っているし、事実、しばしば妨げているのですから。誤りや罪、悪を犯す大幅な余地を私たちに与えていることは、神が長く苦しみ、耐えてきた名誉の証です。しかし、それは私たちにとっての名誉ではありません。私たちは、いずれは相応の罰を受けなければならないし、ほとんどの場合、肉体の死こそが慈悲深い罰となるのです。

死ぬ人は誰でも、死とはどのように作用するのか、を私たちに教えるために死にます。だから、そのメッセージを受け取るなら、私たち自身が死ぬ必要などありません。聖書にはこうあります。「神は誰も滅ぼしたいとは思っておらず、ただ誰もが悔い改めを知ることを望んでいるのだ」と。悔い改めを知るとは、死がどのように作用するのか、地、風、水、火の簡単な行がエネルギー体をどのように浄化して、そこにバランスをもたらすのか、さらには、基本のマントラ・ヨーガや愛が個人の救済にとってどのような意味を持つのか、などを理解することです。

イエスの弟子たちは不死身になるには適さない時代に生きましたが、私たちは適した時代に生きています。私たちは室内の配管や給湯設備を持っていて、風呂に入ることができます。心身を支配する難しさは、生活費を稼ぎ、家族を養うことと同じ程度のものになったのです。私たちはただ、個人の不死を目標にかかげればよいのです。

第2部

東洋の偉大な不死者たち〔模範集〕

7章 ババジ

マハー・アヴァター・ババジは、現在ではヘラカン・ババとしてのほうが知られています。彼はデリーの北東、ハルドワーニ市近くのヒマラヤ山中に住んでいます。ババジの栄光（それは筆舌に尽くし難い）にもかかわらず、彼の村にはババジが何者であるかをまったく知らない人々が住んでいます。疑いようもなく、ババジの住まいや寺院から一マイルの範囲に生まれ、暮らし、死にながら、彼に一度も会ったことがない人々がいるのです。きっと、ババジは永久に知られなくても平気なので、奇跡を起して私たちを驚かしたりなどはしないのです。

人間の姿をした**父なる神**、ババジが歴史を通じて、あらゆる人々の覚醒や幸福に与えた影響は圧倒的なものです。ババジは家を持ち、ありふれた人間の姿で人々と交流してきたばかりではありません。世界中のあらゆる場所、あらゆる時に、夢の中や、アストラルな、あるいはサイキックなやり方で、また物質的な形をもって、つねに人々の前にあらわれてきました。

何百年にもわたって、ババジは人類の歴史に意識的に参加してきたと、私は信じています。この不死身のヨギ・マスターは、私が出会った中で最も知能が高く、神聖な人物です。普通の人間の姿をしながら、神の知恵や力、愛を完全に宿しており、彼は聖なる人間の完全性を具現しています。彼は必ずや、魂が受け取り、保持しているものをそっくりそのまま示してくれています。

ババジは人の姿をした**永遠なる霊**です。旧約聖書では**主の天使**として知られています。聖書では、天使は主自身であると教えられているように、ババジは神なのです（士師記13章を参照）。しかし、ミカエル、ガブリエル、ルシフェルなど、創造された天使たちとは異なっています。ババジは自分の身体を創造し、またみずから創造したドラマで演じることで、人間の生き方の質を向上させます。「御使い」や「天使」というのは、彼の存在の全体性を認識できない私たちが、なんとか彼を表現しようと当てた言葉にすぎません。私たちが認識できるのは、彼が伝えている実存的なメッセージだけなのです。この霊的な教育は、究極の学習と呼んでもいいものでしょう。

ババジはすべての宗教の源泉であり、インスピレーションです。ババジを理解し、私たちの意識をババジと同じレベルに高めるために、各宗教はあらゆる努力をしてきたのです。ババジは、主シヴァその人です。「シヴァ」とは、神をあらわすサンスクリット語です。また、ババジとは**父なる神**のことです。ババ（Baba）は「父」を意味し、ジ（Ji）は「至高の者」あるいは「尊敬される支配者」を意味します。ババジは常に一人ですが、たくさんの肉体を持っています。

シヴァ、あるいは神はいっさいを包括する霊であり、宗教よりも、人類よりも、そして万物の創造よりも前から存在していました。「オーム・ナマハ・シヴァーヤ」が神の永遠の名であるとは、ババジ自身が言っていたことです。シヴァは、地上で最初に人間の姿をもったとき「シヴァ」と呼ばれたのであり、サンスクリット語の聖典では、ただのヨギの行者として描かれています。しかしながら、彼が行なった修行は、生命のあらゆる側面を、その喜びの面にいたるまで含んだものでした。シヴァはどんなことでも行ないました。セックスにたっぷりふけったときもあります。けれども、その顕著なライフスタイルは自然の中でひとり座って瞑想するものであり、それを数世紀にわたってつづけることもしばしばでした。カイラス山とヘラカンはつねにババジのお気に入りの場所で、ここ何千年かのあいだ、彼はこの地に戻りつづけています。彼はそのことを、**宇宙における至高の霊的巡礼**と呼びます。今日、その地には美しい修行道場が築かれており、地球上のあらゆる国、あらゆる宗教から人々が絶え間なくやってきます。

シヴァの蛇の冠は、肉体の不死をもたらすヨーガの基本原則を象徴しています。コブラは死の象徴でありますが、身体を死で飾ることは、死の支配者になることを意味しています。エネルギー体に気づき、それに対する感受性を高めることは、死を克服する秘訣です。死を身につけて友とすれば、私たちは死から守られます。友は恐れるべきものではないのですから。

ババジはあらゆる時代に、世界中の人々の前にあらわれてきました。アダムとイヴ、エノク、ノア、モーセ、そして預言者たちの前に、人の姿をとってあらわれたのもババジでした。ババジは、ほとんどの宗教の聖典の中を歩いています。そして、彼のアーラティは世界中で歌われています。アーラティとは「光の祭」という意味です。それは日々、聖なる歌を捧げる基本的な礼拝で、このアーラティはてきます。

自己治癒のための力強い方法です。そのテープを聴くたびに、私の心は宇宙の中心へ行き、また戻ってきます。

ババジは創造者であり、みずからの創造物の管理者でもあります。人の姿をしているとき、彼はみずからをボール・ババと呼んでいますが、これは「ただの父親」という意味です。人間の姿でいるとき、あまりにも平凡な生活を送っているので、彼のほうから教えてくれるのでなければ——つまり、内なる気づきを与えてくれるのでなければ——その人だとはわからないほどです。わかる人以外にとっては、彼は特別ではありません。ボール・ババとして、彼が口出しすることはありません。私たちが彼を認められるほどに進化するのを、ババジは待っているのです。彼は最小限の干渉によって、私たちを守ってくれます。私たちが責任を果たし、自らを支える姿を彼は見たがるのです。

ときには、彼が人々の前でみずからの正体を認めることもあります。人々に自分のことを**至高の主**と呼ぶのを許すのです。

彼は自分の意志であらわれたり消えたりできますし、聖書の歴史において、ほとんどいつもそうしてきたようです。何百万年もの人類の歴史を通じて、彼は数え切れないほどの身体を持ちました。一度に複数の身体を持つこともしばしばでした。彼はいつも私たちとともに活動しています。そして毎日、世界中の何千人もの前にあらわれています。ババジの地球上での遠征はほとんどがインド国内のようですが、他国に及ぶこともあります。一九七七年には、あるフランスの聖職者の前に五十回もあらわれ、新しい聖典を書かせました。それは『エールの啓示』（*The Revelation of Aires*）と呼ばれています。

また、一九九三年から一九九五年のあいだには、彼は十八ヵ月もアメリカ合衆国で過ごし、『ババジは語る』（*Herakhan Baba Speaks*）と題された、美しくも力強い本を出版しました。

人類の生の質を向上させようとして、ババジはいつも私たちと遊んでいます。人間の姿でいるとき、ババジはしばしば相手が気づかないうちに恩恵をほどこすのです。だが、ババジと意識的に付き合えたり、また彼が私たちに奉仕している姿に気づければ、非常に光栄なことです。私たちが彼に仕えているとき、あるいは人類への奉仕に没頭しているとき、こうした交流は最も起こりやすいのです。私たちが不死身のヨギになれば、彼は喜んでくれます。しかしいっぽうで、霊的に目覚めた大人になるために必要なだけ失敗したり、生まれ変わったりする自由や余地をも、私たちに与えてくれます。人々から発見の喜びを奪ってしまわないよう、あまり多くを教えてはならないという考えは、不死身のヨギたちにとって原則に近いものです。

ババジがあらわれるかもしれないから、気をつけることです！

ババジとイエス

福音書に記録がない期間、すなわち十二歳から三十歳までの期間、イエスはインドのベナレスで、ババジとともに過ごしていました。イエスは質素なライフスタイルと霊的な行を、この期間にババジから学んだのです。『イエスはインドで暮らした』（*Jesus Lived in India*）と題された本は、その歴史的証拠を提示しています。イエスは復活後、三十、四十年たってからカシミールに戻り、そこでさらに

三十、四十年暮らしたあとに死んで、かの地に埋葬されました。カシミールには古来からのキリスト教会が立っており、千九百年にわたり、彼の墓を聖なる巡礼地として維持してきました。この情報はイスラムの文献ではよく知られていますが、西洋のキリスト教世界では、最近の数十年をのぞいては抑圧されてきたものです。

イエスの誕生に際して東方から三賢人を派遣したとき、ババジはイエスを自分のもとに招いたのです。私たちに手がかりを示すのは、彼のやり方の一つです。そして私たちが手がかりの意味を捜し当てたとき、ババジはそのご褒美として、霊的な才や能力を与えてくれたり、彼自身の姿を見せてくれたりします。

復活のあと、ババジはイエスにエッセネ派の信徒と研鑽を積むよう指導しました。歴史が語るところによれば、その研鑽は約三十年にわたってつづいています。その間、イエスの弟子たちは師の名前と福音を広めようとしており、ババジはその活動を支援し、協力しました。新約聖書によれば、ババジ——**主の天使**——はペテロを牢獄から解放しています。つまり、ババジはキリスト教において、指導的な役割を果たすにいたっていたのです。

イエスは死者のうちから復活したけれど、肉体の面においてばかりではなく、感情の面においても傷ついていました。そこで、ババジはイエスに、休息を取り、霊的成長の次の段階に進むようすすめました。イエスがはじめた運動——キリスト教会——を、イエスみずからが指揮をしたがっていたとしたら、これは実現しなかったことでしょう。しかし、イエスはババジの言葉を容れて、半ば引退し、自分自身の霊的研鑽を行なうことにしました。そして、イスラエルにいるあいだ（それは復活からだいたい三十、四十年後のことですが）、エッセネ派の平和福音書を書きました。これは、霊的浄化についての驚くべき著作です。この福音書は、エッセネ派の教会では千九百年間読まれてきましたが、一般にようやく公開されたのは十九世紀のことでした。いまでは、良い書店ならばどこからでも注文できます。

私たちの罪を贖うえで、ババジはイエスの死を求めたりなどしませんでした。ババジの無限の慈悲に不足などありません。それは旧約聖書において――もちろん、新約聖書やほかの聖典においても――神がくり返し述べていることです。神の慈悲は、人間の犠牲に左右されたりはしません。キリスト教の教義が主張するような、特別な種類の人間の犠牲に左右されることすらありません。イエスが死んだのは、みずからのカルマを清算するためと、復活に際してババジの栄光を明らかにするためにほかなりません。悟りを達成するまでは、誰もが最終的には自分自身のために死ななければならないのですから。

旧約聖書も、イエスや新約聖書も、ババジは唯一の救済者ですが、イエスや私たちみなを救済のドラマに用いる、と言っています。私たちの救済に対するイエスの寄与は、最大の賞賛を与えられるべきです。しかし、私たちはババジが与えてくれる能力や知識を使って、自分で自分を救わなければなりません。

イエスは、ババジを最も崇拝した者の一人でした。イエスが死んだのが私のためではなかったとしても、私は個人的に彼を愛しています。そして私はいまでも、生けるイエスと個人的な関係を保ちつづけています。

ババジが持つさまざまな身体

ババジは心のままに、霊から直接に人体を作り出せます。また、母親から誕生することもできますし、実際にしばしば赤ん坊として生まれてきています。彼は人間の境遇を使って、実験しつづけているのです。五千年前にクリシュナの身体にいたときには、彼はアルジュナにこう言っています。「私たちは、これまでに数多くの誕生を経験してきた。私はそのすべてを覚えているが、あなたは覚えていない」と。神が人の姿をしてあらわれることを「神の顕現《テオファニー》」と言います。ババジの身体はレラスとも呼ばれますが、これは「神の演劇」という意味です。あるレラスでは、ババジは死を経験したこともあります。また別のレラスでは死を克服したこともありますし、ときにはくり返し克服するような場合もありました。私たちに伝えるべき教訓に応じて、ババジは死すべき者になったり、不死身のヨギになったりできるわけです。

ババジの身体であるレラスにまつわる神秘の一つは、彼がそれぞれの身体にあるとき、まるで宇宙の完全なマスターではないかのように、さまざまな能力を学ぶときがあるということです。私たちが抱えているような世俗のあらゆる問題を、ババジはみずからすすんで抱えようとします。しかも、数十年はおろか、数百年もそうするときさえあります。彼はつねに私たちの仲間であり、人間の冒険を分析しつづけているように見えます。ドラマの外へはいつでも出られるのですが——私たちも霊的に覚醒したときには出られますが——彼はそうしません。人間の境遇に我慢し、耐え抜いて、私たちが自分自身に作り出しているよりもはるかに惨めな状態を、人間の身体を持ちながら経験するのです。これは驚くべきことです。

さまざまな身体を持ってあらわれたババジに何度か会い、彼が問題を抱えている姿を実際に目にしたのでなければ、私はこのようなことは書けなかったでしょう。しかしババジがどの身体のうちにあろうとも、見る人が見れば、そこに完全なる超越や、**神の臨在**を見て取れます。

一九七七年十一月、テキサス州ヒューストンにおいて、ババジは三分間、私の前に姿をあらわし、インドに誘いました。そこで私は、彼のもとを五回、それぞれ一ヵ月ずつ訪れました。ヘラカンで彼に会うときに私が思ったのは、「この人は取るに足らない奴か、あるいはイエス・キリストより偉大な人物だ」ということです。そう考えたことを、私はまったく忘れていましたが、ババジは四年後に思い出させてくれました。ババジが私の思考の内容を私以上によく記憶していることに、付き合っているあいだじゅう、思い知らされました。彼は同じことを何千人に対して、いや実際には、地球上の全員に対してできます。これこそが、彼がただのグルや不死身のヨギではなく、神である証なのです。

ヘラカン・ババは、パラマハンサ・ヨガナンダの『あるヨギの自叙伝』（森北出版刊）にインドのヨギ・キリストとして登場する永遠のババジであると、私は完全に信じています。肉体を持った彼に出会い、教えを受けたことは、私にとって大いなる名誉であり幸福でもあります。

ババジは意識的に死ぬと同時に、あらゆる方法で死の克服に成功しています。彼は個人として、できるかぎりのゲームをします。彼こそは究極の実験者なのです。ババジは人の姿をした神でありながら、時空に均等にゆきわたる**永遠にして無限の霊**でもあります。彼が身体のうちにいるとき、同時に私たちやいっさいの物のうちにもあり、かつ万物を超越してもいるということを、私たちは忘れてはなりません。

帰依者が「あなたは神ですか」とたずねたとき、ババジは「神はあらゆる場所にいるが、私は局所的な存在である」と答えました。これは神の身体の逆説です。神はいくつもの身体や、あらゆる場所に同時に存在できるのです。

私がこのような話をしているのは、あなたにババジについての信念体系を築いてもらったり、新しい宗教組織を設立してもらうためではありません（確かに、一つは設立されるべきなのですが）。このような話をしているのは、あなたの目を開くためです。なぜなら、聖書は「多くの者がそれと気づかずに天使を迎えている」と述べているからです。おそらく、ババジはすべての人のもとに、人生に一度は訪れているのでしょう。あなたが彼に気づいているか、あるいは彼を待ち望んでいる場合には、もっと頻繁に訪れてくれるかもしれません。

ババジが私の前にあらわれてヘラカンに招いてくれたときには、インドで会ったときとは違う姿をしていました。それは、彼がヒマラヤの奥地で使う身体でした。だから、ヘラカンで彼に会うやいなや、ババジが現在、地球上で二つ以上の身体を持っているという概念に私は悩まされることになりました。それ以降も、ババジは世界の各所で、少なくとも十種類の身体を持って私の前にあらわれましたが、そのうちには動物の身体もありました。ときにはメッセージを運ばせるために、他者の身体（たとえば鳥や子どもなど）に影響を与えることもあります。彼が持つ多くの身体のうちには、一日だけ物質化してあらわれるものもありますし、一生涯、利用されるものもあります。

それだから、ババジのテオファニーが聖典や文献のうちに描かれているのを、また実際に物質的な形をとって目の前に行なわれるのを、探しだしたり研究したりするのが私は大好きなのです。彼から学ぶこと、また学んだことを実践することは、私の喜びと活力の源です。私がババジを捜し求めたのは、不死身のヨギ・マスターになる方法を学ぶためでした。そして、その方法を彼は教えてくれました。私はまだまだ修行の途中であり、基礎を身につけようとくり返し学んでいるところでありますが。

クリシュナ、ゴラクナス、ヴァシシュタ、チャイタニヤ・マハー・プラフ、そしてもちろんヘラカン・ババなどは、ババジがもった身体の中でも有名で、しかも最近のものです。すでに述べたように、聖書の記録によれば、ババジはイエスに「アッバ」と呼ばれていますし、旧約聖書では主の天使とも呼ばれています。またコーランでは、彼はいくつもの名前を持っています。カハディールは人の姿でモーセの教師をしたときの名前ですし、アッラーはイスラム教での基本的な神の名前です。

いまここで詳しく取りあげる身体は、ネパールはポカラに住むシタ・ラム・ババです。彼はひっそりと暮らすサドゥです。私はほかにも多くのサドゥに会っていますが、誰もババジの品位や存在感はそなえていません。しかし、シタ・ラム・ババはそれをそなえています。姿は二十四歳くらいに見え、片方の足が不自由です。この障害のせいで、私の同行者のほとんどは、彼がその人だとは気づきません。みな、彼がロックスターのような姿をしていると期待しており、その期待を捨てられないからです。しかし私には、彼がババジにしかできないやり方で、内面的に力強く語りかけてくるのがわかります。ババジにそれができるのは、私が心を開き、目の前の身体のうちにある彼を見ているからです。私はすすんで、容姿の奥を見ようとしているわけです。

ババジは始まりを持っていませんが、何度も生まれています。その間、彼が自らの神性を失ったことはありません。最初の人生のときから、彼はヨギのマスターであり、死を克服していました。

ヨギ・マスターである彼は、みずからの身体を光に変えられます。身体を非物質化し、思考の速度で宇宙のどこへでも行き、選んだところに肉体をふたたび作り出せるのです。彼は老化や若返りの過程もあやつることができます。霊と心と身体をともないながら、永遠に生きることができます。何千年も生きていますが、彼の身体は若いままです。彼は特別で、高貴で、神々しいけれど、同時にまったく人間的で、普通です。しかし納得してもらうには、彼を実際に目の当《ま》たりにする必要があるようです。私の言葉では、まったく不十分です。

すでに述べたように、ババジは何十万年もの間、ヨギのシヴァとして人間のドラマを演じてきました。シヴァの*の*ち、ババジはラムとしてあらわれました（これほど多くの西洋人が、インドの聖典に描かれた、人の姿をした**父なる神**の物語ばかりか、聖書の物語をも無視しているのは恥ずべきことです）。ラムの姿をしているとき、ババジはたいへんな喜びを感じました。そこで、ラムとしての自分自身を見るために、同時にヨギなるシヴァの姿にもなったのです。ラムののち、ババジはクリシュナになりました。クリシュナは、モーセやアブラハムの時代よりさらにさかのぼる五千年ほど前に生きた、非常に力強い救世主でした。

ゴラクナスもババジの身体ですが、千年以上ものあいだ、しっかりと歴史に記録されてきました（9章を参照）。彼の活躍はキリストが生まれる前の時代から、紀元後千二百年まではしばしば記されています。ゴラクナスとして、ババジは紀元前五十七年には、二人の王に肉体の不死を授けています。一人はベンガルの王であるゴプチャンド、もう一人はバルトリジです。バルトリジはラジャスタン州のバルタラに、質素な寺院と隠所をいまでも維持しています（8章を参照）。イエスが訪ねてきたとき、ババジはベナレスのムニンドラと呼ばれていました。ムニンドラは、イエスをユダヤのヨギ王に任じました。またモーセやエリヤも、ババジに会いにベナレスを訪れています。

十八世紀と十九世紀には、ババジは主にヘラカン・ババやブラーマチャリ・ババの名で呼ばれました。一八〇〇年代初頭から一九二二年にかけては、カイラス山麓のヘラカン村やその近辺でほとんどの時を過ごしています。この山は地球上で最も神聖な場所として知られています。

一九二四年から一九五八年までは、彼はウッタル・プラデシュ州アルモラ近くのダーニヨン村で、平凡なヨギとして暮らしました。これよりも数世紀前に、ゴラクナスとしてもこの地域で過ごしたことがあり、付近の村々では、ゴラクナスは最も重要な神と考えられています。

ババジは一九七〇年、ある洞窟において、現在の身体を大人の姿で物質化しました。その年、彼はほとんどヘラカンの隠所で過ごしています。その前の身体は、一九二二年に非物質化しました。すなわち、復活後のキリストが昇天したときのように、空中浮遊し、光に変じたのです。その身体で地球にいたとき、彼はヘラカン・ババとして知られるようになりました。ラヒリ・マハサヤにクリヤ・ヨガを伝授したのも、彼がヘラカン・ババの身体のうちにいたときです。

その結果、『あるヨギの自叙伝』（森北出版刊）中で、ババジはインドのヨギ・キリストとして西洋世界に紹介されることになったのです。

ババジの人間的側面についていえば、いままで会った誰よりも濃厚な人間らしさを持っているように、私は実感しています。しかし、ババジが私と同様に、霊と心と身体にすぎないとわかっていながら、彼の神性が群を抜いたものであることも実感しています。その神性が純粋なものであるがゆえに、彼が人間のあるべき人間らしさを本当に発揮できている、と言ってもよいのかもしれません。

人々は霊的成長のあるレベルに達すると、ババジが肉体を持って世界にいるときにはその姿に気づくようになり、また自然と彼に引きつけられるようになります。彼を訪れることこそ、究極の巡礼です。ババジはほとんどいつも、静かに活動します。にもかかわらず、現在ババジがすすんで諸国民の前に姿をあらわし、語りかけようとしている事実は、人々が霊的な成熟に達しつつあると考えられるサインでもあります。

シヴァ、ラム、クリシュナ、ゴラクナス、ムニンドラ、ラマ・ババなどとしてにせよ、あるいは何百万とある、ほかの気づかれていない姿をもってしてにせよ、彼は私たちの意識を高めたり、霊、心、身体の享受の仕方を深めるために、人生というゲームを用いるのです。

ババジの原理と行法

ババジは非常に簡素なライフスタイルを維持しています。永遠なるシヴァのヨギ・マスターとして、彼は何も必要としません。内なる資源によって充足できるからです。彼は思考を使って、無限の存在から何でも――食物、土、空気、水や、火の光と熱など――を現実化できます。私たちから贈り物をもらう必要はありませんが、彼がそれを受け取るのは私たちのためになるからです。また彼は修行道場も必要としていませんが、私たちのためにそれを設けています。

肉体の不死を達成し、維持するうえで彼が用いる原理や行法はシンプルながら効果的なものです。そのいくつかを以下にあげてみます。

＊神の名前を唱えることです。自己の神性をたえず確認するために、ババジは「オーム・ナマハ・シヴァーヤ」というアファーメーションをすすめています。これは神の至高の名、すなわち偉大なマントラです。神のすべての力、知恵、感情を呼び起こすものだからです。「オーム・ナマハ・シヴァーヤ」とくり返し唱えれば、神の存在感や力、活気、エネルギーを人間の意識に呼び起こすことができます。このチャントは一日に二十四時間、すべての呼吸と細胞を満たすまでやってもかまいません。また、声を出さないでやってもかまいません。自分の心身に神の存在感を呼び起こしてくれるものならば、お望み次第にイエス・キリストやエホバなど、ほかの神の名を唱えてもいいでしょう。

「オーム・ナマハ・シヴァーヤ」についての私の好きな解釈は、「オーム」は無限の存在で、「ナマハ」は無限の顕現、そして「シヴァーヤ」は無限の知性というものです。私は神あるいはシヴァをこのような、無限の存在と知性と顕現の三位一体として考えます。無限の存在とは永遠の霊、神の実体、**源泉**、キリスト教的三位一体の父、母あるいは女性の原理などです。無限の知性とは創造者にして破壊者、思考、存在の力の支配者、キリスト教的三位一体における永遠の神の子、形なき存在に内容を与える男性の種子などです。無限の知性とは、秘められながらも失われることのない私たちの神性です。あらゆる思考は無限の存在と無限の知性とのあいだに存しています。そして、無限の顕現とは宇宙、私たちが考えているか否かにかかわりなく消えずに留まっている思考、地、風、光、水、火の元素、三位一体の聖霊、活動している神、人体、思考と存在の形式などです。ババジの考えを代弁するには、このマントラとマントラ・ヨーガの実践をすすめないわけにはゆきません。

＊ババジは私にたえず、もっと考えたり瞑想したりする時間を持ちなさいと言います。一日に数時間を割いて、純粋な思考を持つようすすめてくれます。心の曇りを払って、思考の質を高めることは重要です――少なくとも、お金をもうけることよりはずっと大事です。心は良き生と健康的な身体の源です。澄んだ心の持ち主は、調和の取れた、愛に満ちた人間関係を持っています。私は忙しい日でも、日に二、三時間は考える時間に当てようとしていますが、そのおかげで世俗の

成功を手にすることはずっとやさしく、楽しいものになっています。

＊ババジは呼吸を支配することをマハー・ヨーガと呼びます。「マハー」は至高の、あるいは最も偉大な、という意味であり、「ヨーガ」は生の科学、あるいは神との合一を意味します。呼吸訓練の基本は、リラックスした一定のリズムで、吸う息と吐く息を結合させることです（11章を参照）。

＊ババジは、いくつかの簡単な霊的浄化法を実践するようにすすめています。その一部は第3部で詳しく取り上げますが、その要約を以下に紹介します。

水：ヘラカンを流れるガンジス河で、ババジは日に二度、沐浴しています。水は皮膚を洗うだけでなくオーラも洗い、エネルギーセンターにバランスをもたらしてくれます。

火：彼は毎朝、火の儀式を行なっていますが、それは穀物や果物、バターを火にくべるというものです。さらに、寝室には暖炉があり、彼は普通その隣で寝ています。

地：ババジは食べ物と睡眠を支配するようにすすめます。食べ物を支配するには、食生活を少しだけ変化させればいいのです。菜食主義をとれば、簡単に断食できるようになります。また、ババジは散歩と農耕と肉体労働を奨励しています。聖なる人は、動植物と調和して生きるべきである、と彼は言います。

光：ババジが人々の髪を剃ることはよく知られています。一九七九年の春には、私の髪を剃ってくれました。またババジは、太陽や月とのあいだに意識的な関係を築くようにもすすめています。彼は言います。「一晩中、月を眺めていれば、心身のあらゆる病を治せる。日の出を見つめれば、しっかりとした力を一日中たもっていられる」と。

ババジはあきらかに最も熟練した精神分析家であり、宇宙的かつ永遠の観点をもって個々の人格を分析します。そして、こちらにその意欲があれば、彼は私たちを急激に変容させます。肉体を持っているババジのもとを訪れ、彼の聖なる一瞥《ダルシャン》を受ければ誰でも、人類は一つの家族だ、と気づかないではいられないでしょう。その際、相手がババジだと信じる必要すらありません。最も無知で懐疑的な人が、最も美しい時をババジと過ごすこともあるのですから。

8章
バルトリジ

バルトリジはヨギであって、グルではありません。彼は二千年間、地球上に居を構えていますが、身体を完全に支配できる段階にまで個人的な成長をとげています。彼は年を取っているようにも見えるし、若くも見えます。まるで私たちがテレビのチャンネルを変えるように、身体の年齢を変えられるのです。彼は生まれ変わらずに、一つの不死なる身体を保ち、支配してきました。この支配のレベルに達したヨギは、滅びることのない白光の身体を持つのですが、表面的にはなんら普通と変わらなく見えます。実際、神が肉体を持った例をいろいろと調べてみても、奇跡的なものとありふれたものとを区別するのは困難です。究極的には、違いなどないのですから。

ババジとは違って、バルトリジは自分のほうから人を招いたりしません。しかしながら、知恵を求めて訪ねて来る人には、通常、何らかの援助を与えてやります。その際、不死身のヨギたちは言葉で教えるではなく、模範を見せることによって教えます。生の神秘とはあまりにも単純で明らかなので、言葉で説明する必要などないと思っているのです。

バルトリジの隠所は、インドのラジャスタン州アルワール郡バルタラ村（バルトリジにちなんで名づけられた）にあります。ニューデリーからジャイプールへの途中にあり、観光地としても人気の高いサリスカ保護林のそばです。実際には、百平方マイルの保護林全体がバルトリジの住まいです。彼は自然の環境と人間の環境のマスターです。

バルトリジは百八年に一度ずつ、人々に不死のヨーガを見せます。前回が一八九八年のことであったから、次は二〇〇六年です。何をするかというと、自分を生きたまま埋めさせたうえ、墓をセメントで永久に固めさせるのです。バルトリジが死んだかどうかについての判断は、観察者にゆだねられています。このデモンストレーションに接してあなたがどうしようと、ババジは気にしていません。彼の隠所には七つの墓が、どれも完全なまま残されていますが、それは彼がこのデモンストレーションを、百八年ごとに過去七百五十三年間つづけてきたからです。おそらく次の機会には、西洋の科学者や研究者、マスコミなどが注目することでしょう。

バルトリジのような不死身のヨギたちは、哲学的あるいは科学的な説明などしません。ただ何かをして見せて、私たちに考えさせるだけです。私はバルトリジが身体を瞬間移動する、ないしは非物質化させて、封印された墓から出るものと信じています。そして、百八年後に同じことを繰り返すという約束を守るために、またあらわれるのでしょう。だがもちろん、この不死身のヨギのデモンストレーションを見た私たちが、ヨーガを実践したいと思うのでなければ、それはただのエンターテインメントにすぎないことになってしまいます。

イエスもまた、死と復活によって不死のヨーガを人々に示したのでした。彼は、「モーセやそのほかの預言者を信じない者は、人が死者のうちからよみがえったとしても信じないことだろう」と言いました。そしてこのイエスのデモンストレーションは、ババジの模範やデモンストレーションと同じ影響を、二千年にわたって生み出してきたのです。

普通、デモンストレーションとデモンストレーションのあいだ、ババジは人々の前に姿をあらわしません。先にも述べたように、彼はヨギであってグルではありません。つまり、彼はほとんど、自分自身と神のために生きているのであって、ほかの人のために生きているわけではないのです。

私はバルトリジから多くを学びました。彼のもとを一九八一年、一九八五年、一九八九年、一九九一年の四回訪れているのですが、ババジの祝福のおかげで、バルトリジはいつも会ってくれました（またババジによれば、バルトリジが最後に家族を持ったとき、私は彼の兄弟ヴィクラムだったそうです）。バルトリジの隠所へ行くたびに、私は彼をよく理解するようになっていますし、自分自身や、生の無限の可能性についても学びを深めています。彼こそは地球上の真の英雄の一人です。彼は千七百年前に多くの本を書きましたが、それは今でも出版されており、英語にも翻訳されています。誰もがバルトリジに会ったり、その著作を読んだり、隠所を訪れたりできるのです。

一九八九年にインドを旅したとき、私はシャストリジという非常に偉大な聖職者と出会いました。バルトリジについて最初に教えてくれたのは、彼でした。ババジが夢にあらわれて、私のことを兄弟のヴィクラムだと述べた、とシャストリジは言いました。シャストリジはヴィクラムについて書かれた本をくれましたが、それを読み終わるまで私が眠れなかったのは言うまでもありません。

自分が過去生でヴィクラムだったという記憶はないけれど、そう考えれば、私がバルトリジにこれほど強い関心を抱いている理由を説明できるように思われます。ヴィクラムについての本を読むとすぐさま、私は内容との完全な一体感をおぼえてしまいます。彼のようなやり方で人々に奉仕をした王は、私はほかに読んだことがありません。そして、彼が行なったような奉仕は、今回の私の人生の基調をなしています。

西洋人が不死身のヨギについて研究するうえで、おそらくババジがいちばん取っつきやすいでしょう。毎年九月の新月には、サリスカにあるババジの隠所で祭りが行なわれ、不死者や不死者になりたい人々が何千と集まります。それはまるで、不死身の聖者にとってのクンブ・メーラのようです。

隠所の宿泊施設は、ほとんどの西洋人にとっていささか簡素にすぎるものでしょうが、近くには保護林管理所のゲストハウスがあり、シャワーもついています。また、サリスカ・パレスという名前の便利なホテルもあり、そこはバスタブや給湯設備が備わっています。

バルトリジはほとんど自分の隠所で暮らしていますが、足跡に蓮の花がついているかどうかでしか、あるいはバルトリジ自身がみずからの正体を知らせたい、と思う場合にしか、その人だと気づかれることはありません。ですが、本人にはなかなか会えないとしても、真摯な気持ちでわざわざ隠所を訪れる一人ひとりに、バルトリジはすばらしい体験を作り出してくれます。人々が滞在中に彼らの夢の中にあらわれたり、またときには、彼らの部屋にあらわれたと思ったら、消えてしまうなどということもあります。望む者には導きも与えてくれます。完全な覚醒や不死を授けることもできますが（彼は神からその力を与えられています）、そのようなことを求める人はほとんどいません。あなたがバルトリジの隠所を訪れる場合、本人に姿をあらわしてもらうには、より一般的な、必須の教えをまずは学ばなければならないかもしれません。しかしながら、隠所を訪れるだけで、誰もが浅薄な心の一部を失うことになります。それは保証できます！

バルトリジは、十分な忍耐力を示した人なら弟子にもしてくれます。何年間か、あるいは百年間や二百年間かもしれませんが、バルトリジに身を捧げられるというのなら、受け入れてもらえる可能性はあります。彼は弟子たちに厳しい試練をたくさん与えることで知られています。その結果、彼には弟子がほとんどいません。私が知っている弟子の一人はラジャスタンの最高裁判事ですが、彼はシャストリジの兄弟でもあります。

バルトリジは、イエスのようにそばにいると約束してはくれません。けれども、彼のもとを訪れれば、合理的な心なら吸収するのに何年もかかるほどのたくさんのことを、非常にすばやく教えてくれるでしょう。

バルトリジは真に偉大なヨギです。彼は何百年とはいわないまでも、何年かは飲まず食わずで過ごしていられます。これは少なくとも、文明化された西洋人の平均的ライフスタイルとは異なるものです。不死者たちの生活習慣は、大衆的な文明を超越しています。

バルトリジのグルは、ゴラクナスの身体にいたときのババジです。ゴラクナスは、九千年以上も身体を保っています（9章を参照）。

バルトリジの経歴（要約）

死すべき研究者が不死身のヨギの生涯をたどるとき、肉体の不死の現実に心を開かないかぎり、混乱を覚えてしまうでしょう。ほとんどの西洋の研究者は、バルトリジなどの不死者が活躍した時期を決定できません。一人の不死者がさまざまな世紀に存在していた証拠があまりにも多いので、どこかで間違いを犯したにちがいないと感じてしまうからです。

バルトリジ（Bhartriji）あるいはバルトリハリ（Bhartrihari）（Bhartarji《バルタリジ》とつづることもあるが）は、歴史を通じてその足跡を最もたどりやすい不死者の一人です。そして、私が知るかぎりババジについで有名な不死者です。現実とはとても思えないことばかりかもしれませんが、ここでバルトリジについて語りましょう。

バルトリジはイエス・キリストよりも前に生まれました。バルトリジとは、彼のファーストネームです。「ジ（Ji）」は「支配者」あるいは「支配」という意味で、「ハリ（hari）」は世捨て人に付けられた接尾辞であって、「純粋で罪悪のない」という意味です。イエス・キリストとバルトリジは同時代人ですが、不死についての二つの異なる道と様式を示しています。イエスはグルであり教師でしたが、バルトリジは公の使命を持ってはいませんでした。きっとその理由は、ヨギになる前にはバルトリジは全インドの王だったからでしょう。バルトリジはおそらく、公への奉仕は完全に行ない終えたと感じたのです。だから何世紀ものあいだ瞑想をして、みずからを浄化し、支配することに忙しかったものと思われます。伝承によれば、バルトリジは七百年のあいだ瞑想をしたというが、究極の科学者――物質的宇宙のマスター――への道を見出すのには、それほどの時間がかかったわけです。

バルトリジが肉体を持ってあらわれたという史料上の証拠は、ほかの不死者よりも多い。キリストの時代の少し前、彼は全インドの支配者でした。彼は紀元前五十六年に特別な贈り物として肉体の不死を受け取り、後に悟りを開きました。王国は彼の弟であるヴィクラムが引き継いだので、現在のインドの暦はヴィクラムの治世が基準になっています。それはちょうど、キリスト教世界の暦がイエスの生涯を基準にしているのと同様です。ただおもしろいのは、キリスト教世界の暦は不死者が基準となっているが、インドの暦は、ヴィクラムの兄が不死者であるにもかかわらず、死者が基準になっていることです。

バルトリジははじめ王だったものの、名声や財産には興味を持っていません。彼には、想像しうる中で最大の富と力があるからです。神の王国に、霊的な富を無限に持っているのです。彼の本当の力は、サイエンスフィクションやあなたの想像力などを、はるかにはるかに超えたものです。

バルトリジの人生の物語は、ブッダのものに似ています。かつて王だったが、みずからの王国を捨ててサドゥになりました。サドゥとは、つねに霊的浄化を実践し、地面に寝て、物乞いと同じように食べ物や衣服を恵んでもらう者です。ただ実際には、彼らは物乞いをしているわけではありません。はじめのうちは欲しい物を乞うかもしれませんが、信念がある程度まで強まると、そのようなことはしなくなります。ただ神に頼み、それでも神や人々が食べ物を与えてくれない場合には食べないだけです。バルトリジは変容、食物、睡眠、諸元素など、さまざまな物事のマスターです。

バルトリジがブッダと違っているのは、悟るまでに七百年も瞑想をしたことです。しかも、ブッダよりもずっと年をとってから霊的な道を歩みだしました。さらに、バルトリジはブッダやイエスとちがって、霊的な教師やグルになって世界やみずからの国を救うことにはまったく興味を持ちませんでした。「私はヨギであって、グルではない」と言ったのは、バルトリジその人です。

紀元前五十六年に不死身になったとき、彼は全インドの支配者でした。彼は良き王であり、正直なことで知られていました。以下は、彼が不死身となった経緯です。

太陽を拝んでいた一人のヨギがその苦行の報いとして、太陽の女神から果実を与えられました。その果実は不死を授ける力を持っていたのです。だがそのヨギは、自分は普通の人間であり、そのような果実は必要ないと思って、それを誉れ高き国王バルトリジに献上することに決めました。そしてバルトリジはその果実を、何にもまして愛する妻に与えたのです。

バルトリジの妻は警察の長官を愛しており、彼と秘めた関係にありました。そこで妻は、バルトリジにもらった果実をその長官に与えました。いっぽう、長官はそれを愛する娼婦に与えました。しかし、その娼婦も、果実を愛する男に与えてしまいました。それは、バルトリジの大臣の一人でした。その大臣はバルトリジを世界中で最も尊敬していたので、果実を彼に奉ったのです。

肉体の不死を授ける力を宿した果実は、はなはだ秘められたものです。食べてしまえば、その行方はっきとめられません。あなたがそれを食べたかどうかを判別できるのは、ほかの不死者たちだけです。ここに登場する人々はみな、自分の愛する人を信頼しており、この果実を最高の愛の贈り物にしたのであって、そのために相手の不実が明らかになるなどとは思ってもいませんでした。そして彼らの中で、バルトリジだけが正直者でした。たぶん、彼は王国の中で最も正直者だったでしょう。

果実が戻ってきたことに、バルトリジは非常に驚きました。それは、妻がすでに食べてしまったと思っていたからです。そして、彼は調査し、真実を見出したのでした。

バルトリジは深く悩むにいたりました。妻と警察の長官という、自分が最も信頼する二人に裏切られたからです。その幻滅があまりにも大きいものであったため、バルトリジは自分の王国を捨て、サドゥになりました。そして、瞑想を学び、地、風、水、火と意識的な関係を築いて、偉大なるヨギとなったのでした。つまり、彼は国王の時と同じ長所をもってヨーガに取り組み、神の王国の王にもなったのです。

地、風、水、火による霊的浄化の行は、インドのサドゥ文化に深く浸透していました。そのためか、不死を実現するうえで浄化の行が果たす役割を理解するのに、バルトリジは七百年の歳月を要しています。あの果実によって、肉体の不死の観念が彼の心にきわめて強く植えつけられたことは明らかです。果実にまつわる体験によって、妻や王国など、あらゆるものを失ったのですから。バルトリジは無意識のうちに神に導かれ、肉体の不死や地、風、水、火の行法にいたったといえるのかもしれません。そして彼はそれを、合理的な心を用い、七百年もかけて理解したのです。

霊的浄化は肉体の不死や変容を実現するうえで一般的な方法ですが、ある人々を助けるために、神が特別なテクニックを用いることも言うまでもありません。その後、バルトリジはゴラクナスになっているババジに出会い、あの果実の事件の背後には彼の意志が働いていたことに気づいたのです。

バルトリジがわずか三百歳のときに著した『バルトリハリ・シャットカム』（*Bhartrihari Shatkam*）は、人類の文学史上、画期的な作品です。この年齢では彼はまだ悟りには達していませんでしたが、老化は乗り越えていました。この本は成熟した知恵の詩集であり、千五百年以上にわたり、ヒンドゥー教と仏教の文化において古典文学とされてきました。仏教の書物ではないにもかかわらず、唯一の例外として、仏教僧の正式な修行においても千七百年間、使われてきたのです。バルトリジはそのほか、サンスクリット語の文法や認識論、時間支配の科学についても本を書いています。彼の認識論——私たちの観念が事物とどのように関わっているかについて考察したもの——は、西洋の多くの研究者に、世界で最もすぐれたものとみなされています。以上の本は、英語で読むこともできます。

悟りに近づくにつれて、私たちの人生はシンプルなものになってゆきます。そして、人生や宇宙の秘密は明らかとなります。偉大な不死者たちが言葉で教えてくれない理由の一つは、彼らにとっては私たちの混乱した心こそが謎だからです。私たちが日々、明らかなものを見過ごしていることが、彼らにはまったく理解できません。神はあまりにもありふれたものであるので、誰も彼に気づかないのです。熟達してみれば、神の偉大な力はどれも簡単で、明白なものにすぎません。覚えてしまえば、水の上を歩くことは、車を運転するのと同じくらいやさしいことです。肉体の不死は自然なことなのです。私たちの神なる本性にとって不自然なのは、死のほうです。

もしバルトリジの導きが欲しければ、次のマントラを唱えることです。「オーム・バルトリジ・ジャイ・シュリー・バルトリジ（Om Bhartriji Jai Shree Bhartriji）」

9章 ゴラクナス

九千年前に、宇宙の主、あるいは永遠の神（そのほか、どのような呼び方をしてもかまわないですが）は、人間の肉体をもって生まれることに決めました。しかしそれは、はじめてというわけではありません。彼は、町のごみ捨て場に捨てられていた赤ん坊の死体を選びました。捨てられたときには赤ん坊は生きていましたが、飢えと寒さで死んだのでした。これは九千年前に、人類が最近に経験した退化がはじまったときに用いられた、残酷な幼児殺害方法でした。

「ナス（Nath）」は「主」を意味し、「ゴラク（gorak）」は「ごみ」を意味します。つまりゴラクナスとは**ごみの主**という意味です。アダムとイヴにさかのぼること三千年前に、**永遠の父**はゴラクナスとしての人生をはじめました。アダムとイヴは紀元前四千年と推定されるが、聖書はその人類の死への転落を記録しています。

聖書の歴史に先立つ聖典によれば、人類の寿命はかつて、今よりずっと長かったといいます。『ラーマーヤナ』は、ラーマとシータは一万年以上生きたとしています。それはおよそ十三万年前のことですが、二人は肉体的に死ぬかどうかは、みずからの選択によって決まる時代を築いたのです。そして聖書は、長きにわたる肉体の不死の、最後の時代が終焉するさまを記録しています（それは約六千年前のことです）。そのころ、寿命は五百年から千年でした。アダムは九百三十歳で死んだのですが、聖書はこの人類の死への転落を記録しています。

私たちがいつも胸のうちで邪悪なことばかり考えるようになったために、四千五百年前――すなわちノアの時代――に人間の寿命は百二十年に縮んだ、と聖書は言っています（創世記6章5節）。その後、およそ三千五百年前のモーセの時代に、人間の寿命は七十年に縮むことになります。現在では肉体の不死の**ニューエイジ**を迎えているため、私たちの寿命はまた延びつつあります。その陰で、ババジはゴラクナスを含めたさまざまな身体を使って体系的、段階的、徹底的に、生命維持のためのシステムを私たちの文明に組み込んできたのです。それは、覚醒と不死の新時代を実現するためです。

最も古く、最も貴重な聖典は『シヴァ・プラーナ』（*Shiva Purana*）です。これは何百万年も前に書かれながら、何百万年にもわたる人類の歴史を記録しています。『シヴァ・プラーナ』は、現代においても神が人間として生まれ、人類を救うと約束しています。そしてゴラクナスこそは、この何百万年も前になされた予言の実現なのです。「シヴァ」は神の永遠の名です。**カリ・ユガ**と呼ばれる現代にも、人類を救うために人間の姿で帰ってくる、とシヴァは約束しているのです。この「カリ」とは「暗闇」の意味で、「ユガ」は「時代」の意味です。カリ・ユガは邪悪の支配を、すなわち人々の心が時間や制限、あるいは物質主義に支配される時代を指しています。そしてカリ・ヨギは邪悪あるいは時の破壊者を意味します。

神は九千年前にゴラクナスとして生まれ、以来ずっと地球上で肉体を保っています。彼は偉大なカリ・ヨギ――時間、制限、邪悪、死の破壊者――です。真理、シンプルさ、愛、そして不死をもたらす者です。

これまでに何度もくり返し記していますが、父なる神は何百万回も人の姿で生まれてきているし、毎日、何百万人もの前にあらわれているというのは、実際に私が信じていることであり、また経験していることなのです。神はこの一九九〇年代にも元気に生きています。

神がごみの山から赤ん坊の死体を選んだのは、時間と物質主義のうちにまどろむ倒錯した人類を目覚めさせるためでした。『シヴァ・プラーナ』によれば、それは人間の魂と身体の幸福が、人類史上、最も危機にさらされる時代です。それが霊的危機の時代となるのは、物質的な便利さのために生きるのが楽になり、人々が神を忘れてしまうからであり、そうなれば死の衝動も高まることになります。そして、死の衝動をたっぷり背負い込んだ、未発達な人々によって大量破壊が行なわれるにいたるのです。人々が愛や活気を失ったゾンビとなるわけです。平和、知恵、喜びは忘れられ、もはや金銭ほどには重視されなくなります。

ゴラクナスはラーマとシータ以来の十万年間に、誰よりも多くの不死者を育ててきました。**ごみの主**は物質主義を救いつづけている、といってもよいかもしれません。

インドでは、グルが弟子に食べ物を与えるのが伝統になっています――それはプラサード、すなわち聖なる食べ物と呼ばれています。ゴラクナスは道を掃き清め、ごみをプラサードにするので有名でした。この行が持つ教えには限りがありません。神は賢き者や誇り高き者（今日では「文明人」といってもよいかもしれない）を困惑させるために、この世の卑しき物を褒めたたえると聖書も言っています。このプラサードを与える行は、イエスによってインドからキリスト教世界にもたらされ、聖餐式になったのです。九千年にわたるゴラクナスの経歴にまつわる逸話は、枚挙に暇がありません。しかし、正統的なキリスト教は西洋世界がゴラクナスについて、無知なままでいるようつとめてきたのです。

人類史における**父なる神**の基本的なライフスタイルは、ただのヨギとして生きるというものです。そして、真実やシンプルさ、愛を模範となって教えるのです。だから、誰もが彼に会えるのに、探し出せる人はほとんどいません。

ゴラクナスは数十年、世間に暮らし、弟子たちのカルマを自分の身体に吸収すると、姿を消してヒマラヤに戻り、そこで数十年、霊的浄化を行なう——これは、私たちに手本を示しているのです。ヒマラヤで身体を癒し、若返らせてから、ふたたび世間に戻ってくるわけです。

彼に近づく人々は、一つの人生で身につけられることはすべて学びます。そして、みずからも**永遠の若者**のようになるまで何度も生まれ変わってはゴラクナスに出会い、不死身となるのです。すなわち、霊と心と身体を統合し、真実とシンプルさと愛に生きられるようになるのです。

ネパールのカトマンドゥには、一夜にして建てられたゴラクナス寺院があり、その側には内に聖火が燃える小屋、ドゥーニが建っています（ドゥーニについては12章参照）。聖火は、千年以上も燃えつづけています。ゴラクナスの信奉者がたえず見守っているからです。今日、インド亜大陸では、約一億人がゴラクナスを崇拝しています。

カトマンドゥのこの寺院の近くにはまた、不思議な木があります。ゴラクナスが千年前に祝福した木で、以来、毎年秋になると、午前四時から午後四時まで花びらを降らせています。多くの貧民はこの聖なる木の花びらを集め、市場で売ります。つまりその木は、多くの人々を飢えから救っているのです。それは偉大なる教師です。ただそこにたたずみながら、世紀が移り変わろうとも、秋のあいだじゅう、神の美と愛と繁栄をあらわしつづけているのですから。一本の木を祝福することによって、何百年も人々に食べ物とインスピレーションを与える不死身のヨギには、西洋の哲学などとうていかないません。過去九十世紀間の地球の霊的進化において、ゴラクナスは最も大きな影響を与えた人物なのですが、西洋人のほとんどは彼の名前すら聞いたことがありません。

私はゴラクナスの弟子たちに会ったことがあります。一人は三百歳で、もう一人は二千歳でした。バルトリジもゴラクナスの弟子の一人です。ゴラクナスについて書かれた多くの書籍については、私は調べはじめたところにすぎないのですが、英語のものはごくわずかしかありません。現代のキリスト教世界では、そのような情報の市場は存在しないようなのです。

ゴラクナスは救世主です。政府、科学、テクノロジー、教育、宗教などの進化を忍耐づよく導き、世に悟りと民主主義をもたらそうとしています。目に見えようが見えなかろうが、偏在していようが具体的な姿であらわれていようが、**父なる神**は個々人を霊的に進化させ、霊、心、身体を完全に解放させようとします。彼はイエスと争っているわけではなく、イエスの協力を得ています。両者とも、人類の歴史に関わりつづけているのです。だが、父なる神が多くの身体や歴史的アイデンティティーを持っていることを忘れてはなりません。それぞれの世紀における名前は、彼のライフスタイルや住んでいる地域によってしばしば異なるのです。最近の千年紀では、ババジはチベットではラマ・ババ、インド中央部ではチターニャ・マハー・プラブー、インド南部ではババジ・ナタラジ、ヒマラヤ低地ではハイダカン・ババと呼ばれていました。十九世紀には、このハイダカン・ババの名前で最もよく知られていました。

父なる神はさまざまなメッセージを伝えるために、さまざまな人や動物の姿、あるいはそれ以外の形をとってあらわれてきました（モーセに対してそうしたように）。神との関係においてどのような立場をとるかによって、その差異は見えたり、見えなかったりします。神はどこにでもいるのです。彼は歴史上の特別な人物でありつつ、偏在もしています。

私が特別だというのではありません。神／ゴラクナス／ババジは、そう願う人とは誰とでも交流します。準備が整えば、あなたとも交流するでしょう。たぶん、あなたの準備はもうできています。そうでなければ、この本をここまで読み進められなかったことでしょう。父なる神は地上の一人ひとりと個人的な関係を結べるのです。そのことを考えてほしいのです！

10章

不死：悟りの段階〔本書の要約〕

いままで取り上げてきたような不死身のヨギたちが語るところによれば、霊的な行は恩寵を運ぶ永遠の乗り物です。それは、人間の教義や教会の信念などには左右されません。信心深いかどうかによらず、誰にでも効果があります。つまり、科学的なのです。シャワーを信じようが信じまいが、シャワーを浴びれば、いつでも私はよい気分になれます。断食をすれば私は癒され、よい気分になれます。しかし断食を信じる必要などありません。呼吸と火を組み合わせれば、つねに効果があります。霊的な行を行なえば、年を追うごとに、私たちの身体は軽く、健康的に、従順になってゆきます。そして、百年かかるか、五百年かかるか、はたまたたくさんの人生を要するかは別にして、やがて必ずや悟りにいたります。悟りとは甘美な報いです。定義上、それはすべてを含んでいます！

悟りとは、被害者意識を取りのぞき、自分の目標や願望の原因となることです。苦しんでいる人を意識的に癒そうとする場合以外は、至福のうちに生きることです。必然としての死から、自由になることです。霊、心、身体を統合し、身体を癒す力を手に入れることです。感情的な心を癒し、自分のということです。物質的な喜びよりも霊的な喜びのほうを好むということです。ただし、物質的な喜びのうちの本当の喜びとは、霊的なものにほかなりません——あるいは、物質的な喜びが持っている霊的な質や次元にほかなりません。そして、物質的な楽しみのほとんどは、不死者の意にもかなう、無害なものです。実際、悪しきものそれ自体は、あまり害がない場合がほとんどなのです。私たちが悪しきものを習慣にしてしまったとき、それは破壊的な力を持ちます。悪しき習慣が私たちの生命エネルギーを支配すると、私たちの生きる意志が破壊され、ひいては私たち自身が破壊されるにいたるからです。良い習慣であっても、私たちがそれを支配しているのではなく、それに支配されている場合には、死ぬほどの害をおよぼすことがあります。身体を、神から一人ひとりに与えられた聖なる贈り物とみなして尊敬しないとき、私たちは身体を破壊してしまいます。肉体とは、私たちにとって最も貴重な所有物です。それなのに、私たちはマネーゲームに勝ったり、車や家を維持したり、また友だちや、死を志向する宗教を喜ばせるために肉体を犠牲にしています。

霊的浄化を行なわなければ、私たちの身体は年々重たくなっていき、日常的に病をわずらって死は避けられなくなります。惨めな思いをするのに、死んで地獄へ行くまで待つ必要などありません。霊的浄化などせず、バランスの失われた、無軌道な生活を送ればよいだけです。個人的な悟りを得るには、知識などより霊的な行のほうがずっと重要です。やりもしない自己向上のテクニックなど学べば学ぶほど、私たちは飽き飽きしてしまいます。

意識的に生きるとは、悟りのそれぞれの段階を自然に経てゆくことです。そうしていれば、いずれは身体が持つあらゆる器官や能力は、私たちが意識的に支配できるものとなるでしょう。私たちは本質的に、今のままで神なのです。心中に神性を宿しているからこそ、人間存在のありふれたゲームを楽しみながら、霊的な悟りの段階をのぼっていけるのです。また、このようなゲームですぐれた成果をあげることは、自制や癒しに必要な要素でもあります。

1　肉体の不死を選択することが第一歩です。それには、死にとりつかれた観点からではなく、肉体の不死の観点から完成された人生哲学を築く必要があります。そのような思索をしていれば、私たちは正しい方向に歩むことができます。しかし、結果を生み出すためには正しい行動をしなければなりません。広く普及しているメアリー・ベイカー・エディーの『科学と健康』(*Science and Health*) は、不死の思索に大いに役立ちます。

2　エネルギー体に気づく――これは悟りへの重要な段階です。

3　マントラや、地、風、水、火の行、そして愛の行を用いて、エネルギー体を浄化できるようになります。これに代わるものなどありません。こうした行は実践していて非常に楽しいものですし、満足と霊的な悟りをともなう人生を作り出すからです。また、私たちの心と身体は**神の臨在**と同調しつづけるようにもなりますが、それこそがエクスタシーの体験です。

4　十分な年月をかけて右記の行に取り組み、実際には霊的浄化のプロセスを必要としない状態になります。つまり、感情エネルギーの汚染を取り込む前に、それを癒せるようになるのです。死すべき人々の世界と交わることには代償がともないます。私はその代償を感情エネルギーの汚染と呼んでいます。しかし私たちは、この霊的浄化のゲームに勝たなければならないのです。

5　グルの原則――すなわち、内なる規律と外なる規律――を快く受け入れます。私たちには指導者が必要かもしれません（139ページ参照）。

6　霊的な成長と悟りを促すライフスタイルを選択します。私たちにはもっと孤独が必要かもしれません！

7　あらゆる宗教の偉大なる聖典や、人類のすぐれた文献、特に『シヴァ・プラーナ』についての知識を高めることです。聖書はババジ――**主の天使**――のほかに五人の不死者の生涯を取り上げています。しかし、『シヴァ・プラーナ』は何千という不死者の生涯を取り上げています。また、創世の最も洗練された話もおさめています。

8 私たちが集合的に癒され、また肉体的に生き延びるために、霊的共同体をつくり、一人ひとりを支える環境を整えます。教会が機能するのは、霊的な行を活動の中心にすえている場合だけなのです。ほとんどの教会では、信者のほとんどが病んでおり、ほかのみなと同様に死につつあります。呼吸のワークや火を使った行、断食などを実践することが、キリスト教会が追求する信仰の再興を真に遂げる方法です。

9 仕事や物質的な成功、市民の義務に満足を見出すことです。私たちの活気をはげますもので、かつ感情エネルギーの汚染の面で、代償がそれほど高くない仕事を選びます。仕事は孤独と協力のバランスが――瞑想や祈りと世俗の成功とのバランスが――適切に保たれたものでなければなりません。霊的浄化はお金よりも重要です。霊的浄化を行なえば、大きな成功を収めるためのエネルギーや知恵も与えられることになるのですから。つまり、次のように述べたイエスは正しいのです。「まず神の国と神の義を求めなさい。そうすれば、いかなる物質的な事物も難なく、楽しくもたらされることだろう」

10 人の姿をした**永遠の父**、ババジとよい関係を築き、同じ道を歩む人々にも紹介します。彼は通常どの時代でも、少なくとも一つは地上に身体を持っています。**永遠の父／母なる神**は、自分自身をあらわすのをやめたことはありません。いまでも歴史に関わっており、不思議なことに毎日何千という人々の前にあらわれています。神はあなたと関わりたがっているのです！　だから、心を開きましょう！

11　家族の伝統から受け取った死の衝動を解決します。これを簡単にできる人とそうでない人とがいます。両親が死んではじめて、死の衝動を抱いているのを感じたという人もいます。しかし、両親が不死者となり、死なかったらどうなるだろうかと考えてみましょう。

12　老化による病気を癒します。老化は人間の境遇にまつわる最終的な試練であり、肉体の不死をさまたげる主な原因です。ですが、個人の悟りを追求することもなく、あきらめて死んでしまう人がほとんどです。私たちは自分の力で何とかしようとせずに、誰かに助けてもらいたいと思ってしまいます。しかしこの問題においてこそ、私たちは無力感や絶望、幼児期の意識、誕生時のトラウマ、子宮内の意識などを克服する必要があります。老化によってもたらされる、いかなる末期的病状も私たちは乗りこえられるし、癒せることをわきまえておくべきです。キリスト教が機能していない理由の一つは、福祉による救済を説きつづけていることです。（イエスが説いた）悔い改めのほうが、ずっとうまくいく――悔い改めとは、人の心を変化させる科学のことです。

13　誕生時のトラウマ、胎児期や幼児期の意識、両親に認められなかったこと、家族や過去生から引き継いだ無意識的な死の衝動などを実際に癒し、人間の心の力を意識的に使います。感情的な心を癒すことは、私たちが生まれてから最初の百年に主として取り組むべきことです。

14　シヴァ・カルパは若返りのための基本的な儀式です――この課程は十二年かけて修得します。

以上は、すべて人間の境遇の支配にかかわるものです。

以下は、隠れた神性にまつわるものです。

15　変容を学ぶ――つまり、思いのままに身体を非物質化したり、再物質化したりできるようになります。

16　瞬間移動、幽体離脱、空中浮遊、水上歩行などについて実験します。だが、こうした技術を身につけるには、まずは愛に満ち、目覚めた人道主義者にならなければなりません。このような技術より、市民としてきちんと社会に参加するほうが重要なのですから。

17　食事、睡眠、セックスを支配します。聖書においては四十日間（飲まず食わずで）断食を行なうことが、不死者の共通した特徴です。食事を支配することは、身体と死を支配することと関わっているように思われます。これは、よく考えてみればあきらかです。

18 太陽や月と、そして地球やその環境と意識的な関係を築きます。これについては、不死身のヨギたちが書いた聖典を読めば、大いに学べます。

19 身体の臓器にコントロールされるのではなく、臓器を支配します。

20 身体を癒し、かつ傷や病、死、そして弾丸にも負けないものにします。

21 多くのヨーガを習得し、心のままに霊から直接、人体を作り出せるようになります。進化はどの時点でも起こり得るし、どの方向にも進み得るのです。私たちは――身体、原子、細胞もふくめ――今この瞬間にも、完璧に**永遠の**霊なのですから。

グルの原則

リストを中断したくはなかったですが、ここでしばらくグルについて詳述しましょう。シヴァは「グル」を、あらゆる人の意識的自己のことだとしています。グルとは私たちみなが持っている、**無限の**

知性との個人的なつながりを意味しています。しかし、ほかよりもこのつながりを発達させている人々がいます。このような覚醒した人々は、卓越した神の導きを私たちに代わって受信してくれたり、私たちが直接に受信できるよう助けてくれたりします。

誰かを自分のグルや霊的指導者として選ぶということは、一定の原則を身につけられるまで、外的な導きや規律を与えてもらうことです。たとえば、まだ癒しの効果を得られていない人には、私はしばしば食事についてのアドバイスを与えています。あるいは、特別な呼吸プログラムや、火の浄化法を選んであげています。

私もこの道が、どのようなものであるかについて心の内奥で認識するまでは、不死身のヨギたちのもとで学びました。彼らが忍耐強く教えてくれた行法のおかげで、私はこの認識を受け継ぐことができたのです。私は数年かけて、基本的な行法に関わるエネルギー体については習得しましたが、学ぶべきことはまだまだたくさん残っています。グルとしてのババジと私との関係は、多くの人生にまたがってつづいてきた外的関係なのです。

第3部

霊的浄化法についての提案

11章 霊的呼吸法

生命の呼吸を身につけることは、霊的健康、精神的健康、肉体的健康の鍵です。呼吸を支配すれば、究極の霊的な悟りにいたるのです。聖書では、呼吸を支配することは「生命の木を食べること」と呼ばれています。ヨーガでは、呼吸の支配はマハー・ヨーガ――すなわち、生命の科学と呼ばれています。心と呼吸は人間の意識の王と女王です。呼吸は力であり、心はその力の指揮者なのです。

私たちの社会において、呼吸のやり方も身につけずに大学の卒業資格が得られるのは驚くべきことです。リバーシング運動は、呼吸の支配を食事や睡眠と同じくらいありふれたものにしようとしています。そして、それほど遠くない未来には、霊的呼吸は現在のセックスと同じように人気を博するだろうと私たちは信じています。呼吸の経験に精通した人は、セックス以上とはいわないまでも、それだけ霊的呼吸を楽しむことができます。なぜなら、それは神を生物学的に経験することであり、呼吸をするごとに肉体的かつ感情的な満足が生み出されるからです。

リバーシングはプラーナ・ヨーガのアメリカ版で、クリヤ・ヨーガに非常に近いものです。科学的な呼吸リズム、霊的呼吸、あるいは直観的呼吸などと呼んでもよいかもしれません。それは無限の存在を精神物理学的に経験することです。呼吸そのものの霊であり源である内なる息を、空気すなわち外なる息と融合させるまで、リラックスした直観的リズムによって吸う息と吐く息とを結合させる経験なのです。吸う息と吐く息が溶け合ったとき、身体のうちで振動の感覚が目覚め、その感覚はさらに強まってゆき、やがては全身が神のエネルギーに浸るまでになります。この振動は神経系や循環系を通り抜け、心身からサイキックな汚れや緊張、病を洗い流すものです。そして、振動が止まって静けさが残るとき、一つのサイクルは完結するのです。

息を吸うときにリラックスすることが、息を吐くときにリラックスする秘訣です。ただ重力にまかせて息を吐くくらいにリラックスしていれば、次に息を吸うために必要なエネルギーをいつもの二倍ため込むことができます。リバーシングはシンプルで科学的な霊的呼吸法を行なうことによって、霊と物質を融合させます。吸う息と吐く息を統一させれば、存在の統一を――すなわち、神との一体を――肉体的に経験できるのです。

リバーシングは特別なものです。それは身体を救済し、心を浄化する神の力です。リバーシングは、数分間行なうだけで最も深い宗教的経験ができる霊的呼吸法です。

人間の呼吸によってもたらされる、この直接的で直観的な神の経験は、非常に迅速で深いものです。生命の呼吸はつねに最もシンプルで、直接的で、力強い霊的浄化法の一つでした。生命の呼吸は心身を宇宙へと旅立たせます。リラックスしたリズムで吸う息と吐く息を結合させれば、心が直接的に霊を知覚していること、そして身体が本物の生命エネルギーを感じていることに気づけるのです。

直観的呼吸（リバーシング）は日々、ぜん息、偏頭痛、癲癇《てんかん》、普通の風邪など、枚挙に暇がないほど多くの疾患を癒しています。直観的呼吸の一番の価値は、私たちが日常生活で溜め込んでしまう緊張や痛みを癒すことにあります。仕事をしたり生活したりする過程で出くわすストレスや緊張、トラウマなどは、私たちが呼吸をする能力を抑えてしまいます。そして、直観的呼吸がほとんどすべての病気を癒す役割を担えるのは、人間存在にとって呼吸が基本的なものだからです。私はヒーリングの事例を何千と話すこともできますし、治った病気の例を何百とあげることもできますが、それは無意味です。ほかの人が経験したヒーリングは、あなたにとって役には立たないからです。ヒーリングは、あなた自身に起きなければなりません。

直観的呼吸あるいはリバーシングを学ぶことは、私たちが自分自身にしてやれる最善のことです。その力を身につければ、私たちの健康や幸福、成功は劇的に増進します。直観的呼吸は、新鮮な生命エネルギーで心身を生まれ変わらせるために、日常的に使える自己治癒の技術なのです。

直観的呼吸がいかに健康に良いものであっても、その効果は貧しい食事や規律のないライフスタイルによって打ち消されかねません。エネルギー呼吸を意識的に行なうことは自己ヒーリングにとって必要不可欠ですが、それは一つの手段にすぎません。良質な食事、定期的な断食、運動、日々の入浴、火の浄化、健全な思考と感情などによって補われなければならないのです。

リバーサーとは、このような気づきに人々を誘うべく、十分な訓練をつんだ呼吸のガイドです。リバーサーにそばについてもらう目的は、安全で、協力的な環境を保つことと、セッションが終わるまで呼吸のリズムを誘導してもらうことです。リバーサーは普通、五分から十分かけて、心身両面で神を受け入れられるほどに解放された、リラックスしたリズムに導いてくれます。リバーシング体験者《リバーシー》は普通、内なる清潔さについて深く実感したり、愛や穏やかさといった神聖な感情を経験します。

リバーシング・セッションの最中には、感情や身体に劇的な変化が起きる可能性がありますが、それはときに医学界から過呼吸症候群と診断されます。だが実際にはそのとき、霊が人間の心身を清め、また心身にバランスと栄養を与えているのです。クリヤ・ヨーガは直観的呼吸の十九世紀的なやり方であり、厳格な修行法によって呼吸が持つ力を利用しました。それは、呼吸の力が浄化を行なう際に人間の人格に与える心身両面の劇的変化から、人々を守るためです――その変化こそ、一般に過呼吸症候群と呼ばれるものなのです。

目標は、一日に少なくとも一時間は吸う息と吐く息を結合させることです。リバーサーから個人的な指導を受けずにこの練習をはじめる人には、二十回の結合呼吸を一日に一度か二度するだけにとどめておくようすすめます。なぜこのようなことを言うかといえば、きちんとした準備もないまま過呼吸症を経験する可能性があるからです。

このシンプルな呼吸レッスンを簡単にマスターしてしまう人もいるし、非常に苦労しているような人もいます。呼吸レッスンをはじめる前までに、心理的トラウマを質・量両面でどれほど蓄積してきたかによって、基本的な違いが生じるものと思われます。このトラウマは、誕生、両親による条件づけ、死の衝動、人間の心が持つ力の誤用などの範疇《はんちゅう》に分類されるでしょう。また、過去生からのカルマを範疇に加える人もいるかもしれません。リバーサーたちはだいたいにおいて、過呼吸現象を誕生時のトラウマのあらわれと考えます。誕生のとき、緊張と恐れに満ちた雰囲気の中で呼吸の仕方を身につけたために、私たちの呼吸は抑圧されています。過呼吸は、呼吸のメカニズムをその抑圧から解放する自然なヒーリング・プロセスです。つまり過呼吸は、原初の恐怖が原因で起きているのです。「過呼吸症候群」が一般的にもたらす、激しい身体的徴候のほかの例は、医者から強直《テタニー》と呼ばれるものです。顎や筋肉が動かなくなるこの現象を、リバーシングや古代のヨーガの科学は、神のエネルギーが肉体から過去の恐怖を取り除く過程だと説明します。このような劇的な現象は、心が恐怖に支配されている時にのみ起こります。普通は、誕生の恐怖の記憶――収縮を経験したときの感情の記憶――です。しかし、人生のいろいろな時期に取り込んだ、感情エネルギーの汚染によって引き起こされた緊張の場合もあります。

自分の呼吸を恐れている人々もいます。また自分の**生命エネルギー**を、それが特に生理学的に強く身体に流れるときに恐れる人々もいます。恐怖は圧迫や緊張を引き起こします。そして強い緊張を、私たちは痛みと呼んでいます。テタニーとは、呼吸セッションのあいだに、この恐怖が身体にあらわれ出たものなのです。さらには、テタニーへの恐怖が高まることもあるでしょう。

一回から三回の呼吸セッションで、いくらかのテタニーを経験する人がいるのは珍しくありません。誕生時のトラウマやほかの経験によって慢性的に恐怖を感じている人は、三回目以降のセッションでもテタニーに悩まされるかもしれません。だが逆説的なのは、あからさまに怖がっている人は、テタニーにはそれほど悩まされないということです。テタニーにかかるのは、恐怖を完全に抑圧していて、自分は恐怖など抱いていないと信じている人のほうなのです。

テタニーは指や四肢が痙攣したり麻痺したりするものですが、結合呼吸をさらに数分つづければ、普通は治ってしまいます。最初に結合呼吸のセッションを行なう前に、そのことを知っておくのは大切です。そうすれば、テタニーになっても驚かないし、ずっと簡単に、呼吸を使ってそれを手放せるからです。テタニーとリラックス状態とを同時に体験することはできません。しかし、結合呼吸をつづければ、深いリラックス状態がやってきます。吸う息と吐く息の一つひとつが、自動的にリラックス状態を誘発するからです。効果的な呼吸は、体から緊張や痛みを解き放ってくれます。

合計十万人以上の人々が、空気とともにエネルギーを呼吸する方法を習ってきた結果、呼吸の指導者たちは次のように考えるにいたりました。すなわち、テタニーは呼吸が抑圧されていることを示す自然な徴候であるということ、しかも人々がエネルギーを呼吸する方法を身につけたとき、また活き活きとしたり、リラックスすることがもたらす体の感覚を恐れなくなったとき、自然に消えるということです。リラックスした状態で行なう直観的呼吸は、過呼吸とそれがもたらすあらゆる症状を治療します。

一回のリバーシング・セッションでは、リバーサーについてもらいながら、自然のエネルギーサイクルが完結するまで、だいたい一時間から三時間、結合呼吸のリズムをつづけることになるでしょう。

セッションのとき、一定のリズムで呼吸をはじめて五分から十分たつと、体に疼きや震えが感じられるようになり、それは一時間から二時間つづきます。そして、震えはたいてい、だんだんと強くなっていき、やがては体全体をつつんで、セッションの中ほどで最高潮を迎えます。このターニングポイントを越えると、そのエネルギーあるいは疼きの感覚は自然におさまってゆき、誕生を再体験する人は深い、永続的な静寂の波を感じます。また、肉体が清浄であるという、言葉を越えた内なる感覚をおぼえるのです。リバーシング・セッション中のエネルギーの流れは、誕生以来ずっと抱いてきた緊張や、一日の仕事で吸収した緊張から身体を解放します。誕生時のトラウマや感情エネルギーの汚染によって引き起こされた、緊張や抑圧に慣れきってしまって、そうした緊張を持たない心身を経験するのがどのようなことかを知らないできた人にとっては、このトラウマを解放するとき、ほかの方法では決して知り得ない状態が生み出されたことになります。

一日に一時間、吸う息と吐く息とを結合させる簡単な呼吸法を実践すれば、心理的原因がもたらすあらゆる種類の結果を解消できるようですが、誕生以来、トラウマや緊張を蓄積させてきたために、この簡単な呼吸法をなかなか習得できない人もいます。肉体や感情に劇的な変化を引き起こすことなく、この単純な呼吸のリズムを一時間つづけられるようになるには、ほとんどの人が五時間から二十五時間のレッスンを受けて、これまでに溜めてきたトラウマや緊張を心身から消し去る必要があるのです。きちんと研修を積んだリバーサーの二時間セッションを十回受ければ、多くの人がリバーシング・ブレスワークを習得できるでしょう（十回のセッションでお世話になるリバーサーを選ぶ前に、二、三人にインタビューしてみることをおすすめします）。一、二回のセッションで過呼吸症候群と呼ばれる状態を経験しても、それはリバーシング・プロセスの自然な部分にすぎません。リバーシングは、過呼吸や「クンダリーニの障害」など、多様な呼吸困難を治してきたのです。

過呼吸症候群という現象は医療関係者を心配させますが、宗教運動ではさまざまな名の下に容認されています。キリスト教徒はこれを火の洗礼とか、聖霊に満たされる経験、霊的治癒の振動などと呼んでいます。東洋の諸宗教はクリヤ・ヨーガ、プラーナ・ヨーガ、不死の霊薬、霊的呼吸、シャクティなどと呼びます。本当のところは、過呼吸の経験がどれほど劇的な、あるいは騒がしいものであったとしても、それを経験している当人は肉体的にも感情的にも静謐《せいひつ》な、高次の霊的状態にいたっています。長時間、その呼吸のリズムを定期的に長く実践しつづけていれば、リバーシングはだんだんと平穏なセッションになってゆきます。霊的浄化は、心と身体は清浄である、という感覚をともなったすばらしい状態なのですが、それを保つには、日々の実践がなければなりません。

二十回の結合呼吸はしたいと思えばいつしてもかまわないのですが、特にいらだっていたり、怒っていたり、肉体的あるいは感情的なドラマを経験していたりするときにするといいでしょう。

呼吸は身体の根源です。自分の身体にまつわる思考の質を高めながら呼吸をするだけで、どのような病でも癒せます。本当のことを言えば、病気など存在せず、ただヒーリングのみが存在するのです。体調不良と呼ばれる状態は、単にヒーリングが行なわれている最中にほかなりません。つまり、病気や事故がおきる理由は、霊と身体が心を癒そうとしているか、霊と心が身体を癒そうとしているかのどちらかです。私たちはみな、自分自身を治さなければならない医者なのです。

鼻孔交替呼吸法

ここで紹介するのは、霊的な、そして身体的な浄化に大きな効果がありながらも簡単な、別の呼吸エクササイズです。まず、左の鼻孔から穏やかに、好きなだけ長く息を吸い、右の鼻孔から穏やかに息を吐きます。次に、右の鼻孔から穏やかに、好きなだけ長く息を吸い、左の鼻孔から穏やかに息を吐くのです。このエクササイズは一日に一度、三度、あるいは九度していいです。私個人の経験では、一日に三度行なえば強力な浄化を実感できます。

苦しくならないあいだならば、空気をいっぱいに吸い込んだところで息を止めてもよいし、**二十回の結合呼吸**のように息を結合させてもいいです。どちらがよいか、実験してみましょう。最初のうちは、指を使ってどちらかいっぽうの鼻孔を抑える必要があるでしょう。

鼻は単に一つの器官というだけではなく、体温や身体の多くの機能を調整する諸器官の完全な複合体です。左側を下にして寝ているときには、主に上、つまり右の鼻孔から呼吸し、右側を下にすればその逆となる傾向にあり、それによって影響を受ける器官も異なってきます。

12章 火

火は魔術的であり、神秘的である。
火は神の物質的性質である。
火は神の温かさであり、愛である。
火は神の恩寵を永遠に運ぶ。

火！　とてもシンプルで、とても驚くべきものです！　それはこの宇宙で最も善なるものの一つであり、非常に多くの恩恵をもたらすものでありながら、人々からはひどく無視され、感謝もされません。実際、火が持つ重要な、聖なる性質に気づいていない人がほとんどです。

火が持つ実用的な力がなければ、科学やテクノロジーなど存在し得なかったでしょう。研究室、工場、そしてほとんどすべての職場において、火は力を供給しています。今日、非常に多くの仕事をこなしているガソリンエンジンに、火は動力を与えています。しかしながら、科学者も労働者も、火が個人的な健康や活気にもたらす霊的な力については見過ごしてきました。無知に基づいて火を使い、環境破壊を生み出した科学が、核爆弾やそのほかの破壊兵器の開発で同じように無知に基づいて火を使い、ありとあらゆるものを破壊する恐れがあるのは偶然ではありません。科学が死すべき者たちによって管理されているのは明らかだからです。だが、科学者たちが不死者となったらどうなるでしょうか。テクノロジーや人生はどのようなものになるでしょうか。

火を日常生活に取り入れる必要があります。火について知れば、心と身体を癒せるからです。火と意識的に関われば、自分の肉体や心、感情体、そして火の源泉である**永遠の霊**が持つ奇跡について、よりはっきりと気づくことができます。

火は、物質を無と化すことができます。そして、感情的な心を無と化すこともできます。火は、偉大なる霊力なのです。

火の中に座り、炎に飲み込まれながらも、身体も衣服も無傷なままでいられる不死身のヨギたちに、私は会ったことがあります。

火は友人であり、私たちはそれを意識的に使わなければなりません。火は宇宙で最高にして最強の元素であり、最高の知性と霊的な気づきをもって使用する必要があるのです。火の浄化と防火にはバランスが必要ですから、用心しなければなりません。火はあなたの家や、美しい森を焼き尽くしかねません。それでは、望む以上に火の浄化を行なってしまうことになるでしょう！

火を使って霊的浄化を行なう際の基本原則は、エネルギー体の輪が炎を通って回転できるよう、火から一・五メートルくらいの距離にいることです。あなたは自分のオーラが最大限に炎にさらされることを望んでいるのですから。私の場合、数日間の霊的浄化を行なえば、エネルギー体は清浄で、バランスの取れた状態に戻ったと感じられます。平安と情熱を感じられるのです。

人間のエネルギー体を浄化することや、肉体や感情的な心を癒すことに関して言えば、燃料の種類によって生じる結果が違います。なかでも木が最良のものである、というのが私の結論です。暖炉や薪を燃やすストーブの前で寝るなら、きちんと乾燥させた広葉樹が一番いいです。一晩中燃えつづけてくれるからです。しかしながら、乾いた柴や短い枝なども燃やせば炎がとても高く舞い上がるので、エネルギー体を浄化するには非常に効果的です。ガスストーブ、精製油、ロウソクも燃料として使えますが、世界には牛糞《ぎゅうふん》を燃やす人々もいます。私は家で定期的に紙ごみを燃やしています。その火でも、ときにわずか数分で、痛みを焼き尽くしてくれるのがわかります。

数千年の聖書の歴史では、火は全能の神への礼拝の中心をなしていました。アダムとイヴの時代から、エルサレムの大寺院がローマ人によって破壊された紀元後七十年まで、ユダヤ人の信仰における中心的行為は、動物の生贄を火にくべることであったのです。しかし実は、火の儀式はアダムとイヴより何百万年も前にインドで行なわれていました。

火は宇宙の力の原理です。火は火山活動によって山々を形づくります。火は太陽です。火は私たちの食べ物を消化します。それは昼の光であり、目の光です。火の神秘を習得すれば、人間にできないことはなくなります。

人間の意識内の火とは喜びやエクスタシー、そして創造性の経験です。火はみずからが持つエネルギーを私たちに与えてくれます。それはプラーナであり、生命力です。火は人間の健康や幸福にとって、食べ物と同じくらい重要です。私も火のそばに座るたびに、緊張や惨めさが喜びや平安、創造性と入れ替わるのを経験しています。

火の神秘は永遠に、火それ自体からしか学べません。いくら私が言葉を限りなく費やして火について語ったとしても、神秘を解き明かすことはできないのです。真の霊的神秘はどれも、言葉であらわすことはできません。それらを知ったとき、言葉は必要なくなります。

火は神の物質的性質です。火のそばにいるとき、私は神と親しく語り合っているのです。火は神の恩寵を永遠に運んでいます。火は聖書の歴史の何百万年も前から人々によって使われていたし、これからも地球の終焉にいたるまで、そして未来永劫に使われていくことでしょう。

女性や子どもは、男性ほどには火の浄化を必要としません。女性は月経のおかげで、特別な霊的浄化を行なう聖なる能力を神から授かっているのです。血液は、火、地、風、水、心、さらに愛が統合されたものです。そして月経は、合理的な心が気づいたり、評価したりする以上に、女性の体の弱ったところを自動的に癒してくれます。女性は単に子どもを生むという以上に、新しい生命の源、そして健康や活力の源なのです。

私にとって火は、日々の霊的修行です。私は火と、シンプルで、個人的で、意識的で、常識的な関係を持っています。火は私にとり、第一義には物質的経験ではありません。火は神からの贈り物であり、霊的な経験だからです。もし個人の不死を重視するなら、火と意識的な関係を持たないでいることはできません。

一九八一年にカリフォルニアの山中で、私は自分専用の火を一年間絶やさないでいたことがありました。そのとき、火には意識があると学びました。火は神の知性です。一日に二回、ごくわずかな薪しかくべないでいると、火は消えてしまわないよう、みずからの燃焼具合を調整していることに私は気づいたのです。また火は雨から身を守るために、灰の上部に外皮を作り出す方法を知っていることも観察しました。

火について初めて理解したとき、私はそれをみなと分かち合いたいと思いました。火の霊的な力を体験してもらいたかったし、それが癒しの力や、人類に喜びや不死性を取り戻させる力を持っていることを知ってもらいたかったのです。私はいつも森の中で、大きな火を囲んでスタッフ・ミーティングをしたものでした。

しかしあるとき、私は自分自身のために、ほかの人と火を囲むのをやめなければならなくなりました。火は人々の痛みを解放するとともに、チャクラを開かせることに私は気づきましたが、自分もそのおかげで非常に敏感になったため、人々の痛みをなんとなく感じてしまうのです。自分の痛みを取り除こうとして火のそばにいるときに、自分のものではなく、ほかの人の痛みを感じてしまうわけです。そのため、私は一人でいたいと思うようになりました。しかし、私がこれほど敏感になるまでには数年かかりましたから、グループで火を囲んでいても何も感じないならば、このことは心配しなくてもいいでしょう。

ただヤジニャの儀式は例外です。正式なサンスクリット語で行なわれる火の儀式のマントラが持つ力や意図には、独特のものがあるのです。ヤジニャはサンスクリット語の僧侶によって執り行なわれる特別な火の儀式です。そこで僧侶は、米やバター（ギー）、ハチ蜜、砂糖、花、果物などを大きな火にくべてゆきます。そして儀式中には、一時間くらいかけてマントラが唱えられます。その結果、ヤジニャ参加者全員のエネルギーが変化します。

火とコミュニティー

すべての村、町、市で、消防署は火の寺院や聖火を維持すべきです。コミュニティーの火は幸福を放出し、心身の健康を促進します。また清らかな炎は、平和と知性を高めます。もしすべてのキリスト教会が目覚めて、二十四時間火を灯しつづけるならば、キリスト教はいまでも役立つかもしれません。私たちの文明に火の浄化を取り入れようではありませんか。そうすれば自動的に犯罪や暴力は防がれ、霊的平和の美しい雰囲気がコミュニティーに作り出されることになります。

火の浄化が一般的になると、偶発的な森林火災は増えるでしょうか、減るでしょうか。これは複雑な質問です……。すべての火はプラーナ・エネルギーを発しており、草木の健康や成長を促進します。空気中に放出されたその強力な生命エネルギーは自然を癒し、育てているのです。また、灰はすぐれた肥料となります。安全な火はどれも美しい霊的振動を作り出していますが、たしかに悪しき火は一つでも大破壊をもたらすことがあります。しかしながら、偶発的な火事による被害があったとしても、それによってコミュニティーの集団的な死の衝動が癒される場合もあります。

ドゥーニという火の寺院には基本要素として、中央に炉があり、また裸火のそばに座る人々が快適に過ごせるように陽光や雨、雪をさえぎる屋根があります。ドゥーニは、すべての不死身のヨギの人生を基本的に特徴づけるものです。公共のドゥーニがあれば、忙しい人でもヒーリングや若返りのために利用できるでしょう。西洋世界にドゥーニがたくさんあったら、私たちの文明は変わるかもしれません。街のいたるところに、私たちはバーのかわりに火の寺院を持つべきであったのです。

火の儀式

不死身のヨギを探しにインドへ行ったとき、私はババジが毎日、火の儀式を行なっているのを目《ま》の当たりにしました。サンスクリット語のマントラを考えたり口に出したりしながら、溶けたバターに浸した米、果物、木の実、花、そしてときにヨーグルト、ハチ蜜、砂糖などを火にくべるのです。

美しい儀式であり、それを見るために私は早朝に起床しました。なぜなら、朝の五時から行なわれたからです。しかし、その儀式の意味や目的は私にはわかりませんでした。そこに何も感じられませんでした。

なぜなら、意味を感じられないほどに私は死に浸りきっていたのです。生まれてからずっと肉を食べてきたし、霊的エネルギーをそれほど精妙には感じ取れませんでした。もし霊のエネルギーを感じていたなら、とっくに肉食はやめていたでしょう。そのときまでに、私はすでに五十年も肉体の不死を信じつづけていました。自分の死の衝動は、十年も前に解消しました。三年間で、何千という人々にエネルギー呼吸を教えました。けれども、私はまだ肉を食べていました。体内に入った死んだ動物は、私たちの霊的感受性を鈍らせてしまいます。ですが、ババジと三十日間過ごした結果、私は菜食主義者となる決意をしました。実際に菜食主義者になるにはしばらく時間がかかりましたが、それはまた別の話です……。

一九八一年、私は火の霊と力について完全に悟りました。その後、火の儀式が持つ真の価値を感じられるようになりました。

あなたは、私ほどには飲みこみが悪くないかもしれません。すでに今、火の儀式を行なう準備ができているかもしれません。儀式はとてもシンプルです。火を起して、そこに好きな食べ物をくべればいいだけです。お望みなら、「オーム・ナマハ・シヴァーヤ・スワハ（Om Namaha Shivaiya Swaha)」と唱えてもいいです。これは、「私は神に捧げる」という意味です。火は、**神の口**と考えられています。火の儀式は愛と信仰の行為です。最も簡単なやり方は、ロウソクの火に砂糖を振り掛けることです。しかし、完全なヤジニャの儀式ともなれば、非常に手の込んだものです。それはおそらく、世界で最も強力な霊的儀式でしょう。そして、最も偉大な儀礼かもしれません。この儀式は、正式に訓練されたサンスクリット語の聖者によって執り行なわれなければなりません。

今でも火の儀式を行なうたびに、私はすぐにエネルギーが全身を駆け巡るのを感じます。私のオーラは白い光に包まれ、感覚的な気づきは拡大します。視覚は広がり、より遠くを、そしてよりはっきりと見られるようになります。しかしながら、ただ火のそばに座っているだけで、私のエネルギーは軽くなるのです。火のそばに長くいればいるほど、体が軽く感じられるようになってゆきます。

13章 神の名

神についての知識は、地上で最も重要な知識です。旧約聖書の箴言で、ソロモンも「主への畏れは知恵のはじめである」と言っています。神の名の行は、神についての知識を最も簡単に、すばやく普及させる方法です。これを実践すれば年を追うごとに、私たちは霊的な知恵や力を成長させてゆけます。不死者を理解するうえで、神の名の行は基本です。「主の御名は堅牢な塔である。正しき者はそこに逃げ込み、安全でいられる」（詩篇）と聖書にも記されています。

私は聖書を学び、二十年間教会に通ったのですが、一九七七年にインドへ行ってはじめて、この詩の意味を知りました。インドでは、神の名の行は「マントラ・ヨーガ」あるいは「ジャパ・ヨーガ」と呼ばれています。

神の名をたえず思い出すことは、**神の臨在**を実践することです。神の名を唱えれば、私たちは**神の臨在**へと引き上げられ、神は私たちの心身へともたらされます。何百万年ものあいだ、インドの民はオーム・カーラ——神の名の行——の慣習に浸ってきました。**オーム・カーラ**とは**神の臨在**、あるいは神の恩寵とエネルギーという意味です。インドにおいてこの行は、ヒモに通した百八個のビーズを使ってなされます。このビーズはマーラと呼ばれ、集中力を高めるとともに、神の名を唱えた回数を数えるために用いられます。

もし神の名を唱えるなら、神が目の前にあらわれたとしても驚いてはいけません。バルトリジャやイエス、ゴラクナス、神の天使たち、そのほか天上と地上にいるあらゆる不死者たちは、あなたの準備ができたとき――ことによると、準備ができる前であっても！――戸別訪問を行なうからです。

私たちは一日に五万以上のことを考えています。そのうち神に関係するものはいくつあるでしょうか（汚い罵声は神の名の数には入れません）。しかし、ひとたび神の名の行をマスターすれば、考えることすべてに神が含まれるようになります。

どの神の名でも、ある一つの力を体現しています。よって、神の名を一つ習得すれば、私たちはそれが持つ力を支配できるのです。その中には、**父なる神**が肉体化した歴史上の人物へと私たちを導く名前もあります。

しかし、私の理解では、**最高の神の名**が一つあります。ほとんどのユダヤ教徒とキリスト教徒には本当の発音は伝わっていませんが、その名は主な宗教に共通しています。「オーム・ナマハ・シヴァイ（あるいはシヴァーヤ）（Om Namaha Shivai or shivaya）」です。「シヴァイ」は女性形で「シヴァーヤ」は男性形です。そして前者は**無限の**霊を、後者は**無限の知性**をあらわしています。思考が霊に受胎させるとき、宇宙が生まれるのです。また「ナマハ」とは**無限の顕現**をあらわしています。

「オーム（Om）」あるいは「アウム（Aum）」は、ユダヤ教では「オーメン（Omen）」に、キリスト教では「アーメン（Amen）」に変わっています。またイスラム教徒の中には「オーム・アッラーホ・ヤ・オーム（Om Allah ho ya Om）」の名も用いる人がいます。この名前から、以上の三つの大宗教が同じ神に根ざしていることは明らかです。出エジプト記の第三章から第六章までをきちんと読めば、神の永遠の名についての興味深い事実を発見することでしょう。燃える柴の中で、ババジはモーセの前にあらわれ、神の永遠の名を与えているのですが、その名こそ「オーム・ナマハ・シヴァーヤ」なのです。ヘブライ語ではヤーヴェ、ヤーウェなどとしても見出されます。ヘブライ語は英語とは逆方向につづられるし、また母音なしで表記されます。つまり、「ヤーヴェ（Ya Vah）」とは「シヴァーヤ（Shivaiya）」の後ろ二つの音節を逆さにしたものなのです。ジェームズ一世の欽定訳聖書ではエホバと訳されています。現代のヘブライ語では、だいたい「ヤーヴェ・シム・オーメン（Ya Vah Shim Omen）」と言うのが一般的です。

聖書の宗教は、シヴァの宗教と同じものなのです。シヴァとは、サンスクリット語で神をあらわす言葉です。サンスクリット語は人類の霊的言語で、バベルの塔に先立つものです。そして、不死身のヨギの言葉でもあります。ほかの言語が持ち合わせない肉体の不死や変容についての概念を、サンスクリット語はたくさん持っているからです。

西洋世界でも、変容を合法的なものにしようではありませんか！

これまで、私たちは合理的な心のレベルで検討を進めてきましたが、それでは永遠に議論をつづけなければならなくなります。すなわち、組織化された宗教が十分すぎるほどに見せてくれているのと同じ事態におちいってしまうことになります。神の名をめぐって戦いを起こすのは、きわめて浅薄な宗教です。このようなことが起きるとき、宗教は死んでいます。

内なる気づきや実践によってしか、この問題の真実を知ることはできないのです。

神の名の行によって私が実際に経験したのは、神の名は力を与えてくれるということです。地、風、水、火はきれいにし、浄めるが、神の名は霊的な力や知恵を築き上げます。

14章 霊的浄化についてのさらなる提案

基礎的な霊的浄化プログラム

◆ステップ1：心

十五分間、思いつくままに、すべての考えを紙に書き出すか、録音します。記録したものを見直し、否定的な思考をすべて肯定的なものに変えます。そして、それをくり返します。気分が良くなるまで、何度も何度もくり返すのです。週に一度はまる一日をかけて、気分が良くなったり、高揚したりするまでこのプロセスを行なうべきです。そうしているうちに、週に一時間だけやればよくなるでしょう。毎日やれば、このプロセスを加速させられます。このエクササイズは気分が落ち込んだり、ふさいだりしたときにはいつでも行なうべきです。そうすれば、どん底に落ち込んでいる時間を短くできます。意識がぼんやりしているときや過度の緊張を感じているときも、その原因を発見するために行なうべきです。このエクササイズをしていれば、ついには完全な平安を作り出せるし、自分の心、身体、人生をコントロールできるようになるでしょう。また心のためには、良い文献を読むといいでしょう。

◈ステップ2：呼吸

毎日二十回、結合呼吸――リラックスしたリズムで、吸う息と吐く息を結合させる呼吸――を行ないます。穏やかに、そして意識的に息を吸い、リラックスして息を吐きます。まるで重力にまかせるように息を吐きます――無理に吐いたり、止めたりはしません。さらに、きちんと訓練された霊的呼吸の指導者やリバーサーによる霊的呼吸セッションを、十回から二十回受けます。そのうちには、温かい水や冷たい水の中でのリバーシングも含めるようにするといいでしょう。

◈ステップ3：食事

一年のあいだ、週に一日は何も食べないことです。その日は、ウィークデーにすべきでしょう。週末にはしばしば社交的な行事があったりするし、断食のリズムをつくるうえでふさわしくないからです。また、最初の年は、食べない日は週に一日だけにすべきです。そして二年目には週に二日、三年目には週に三日にするのです。このプログラムを急いで行なうことはすすめられません。食事に関する新しい習慣やリズムに慣れるためには、心や身体は多くの時間と経験を費やしたがるからです。半日だけしか断食をしないときがあってもいいし、罪悪感を処理したり、慰めや楽しみのヨーガについて、なにがしかを学ぶために計画を守らないときがあってもかまいません。それから、断食の日にも水は飲んでもかまいません。菜食やフルーツ食（一週間や一ヵ月間、フルーツとナッツのみを食べる）は習慣にするようすすめます。マクロビオティックは有益ですし、ロー・フード（訳注：火を通さない生の食べ物）

もいいです。科学的であるとは、ヒーリングや望む結果が得られるまで実験をつづけて、本当に効果があるものを知ることです。このようにして真実を知れば、私たちは病から解放され、勝利や悟りを手にできます。

◈ステップ４：神の名

毎日、神の名前を唱えます。どの名を唱えてもいいですが、私は「オーム・ナマハ・シヴァーヤ」と唱えるときに、最大の効果を得てきました。神の名を毎日くり返し唱える理由は、神の存在を身近に感じられ、またあらゆる神聖な感情をおぼえるからです。一日中、いつでも神の名前を思い出し、しまいには神の名が頭から離れなくなればすばらしい。これこそが最もシンプルで、強力な霊的浄化のテクニックなのかもしれません。

◈ステップ５：肉体のエクササイズ

毎日散歩をして、近所の人々を愛するために、彼らについて瞑想することをすすめます。また自然を意識しましょう。私は朝の入浴のあと、朝食を摂るまでのあいだに散歩をしています。

◈ステップ６：睡眠

月に一度は、一晩中起きている日をつくります。そして、感情の変化や体の感覚の変化について瞑想しましょう。また、月や日の出について瞑想をしましょう。不愉快な考えや感情には、ステップ1のエクササイズを使って対処します。

◆ステップ7：霊的コミュニティー

月に一度は、近所の人々の会合に参加します。その目的は、市民としての基本的な責任を果たすとともに、霊的な家族や友情を実現することにあります。近隣の人々にこのようなコミュニティーに対する理解がないのなら、住む場所を考え直したくなるかもしれません。肉体の不死に興味を持つ人がまわりにいればいるほど、私たちの誰にとっても状況はよくなります。さらに、地上の偉大な聖人たちからできるだけ学ぶといいでしょう。

◆ステップ8：髪

十年に一度は髪を剃ります。十年おきくらいに九ヵ月間は、週に二度（日曜日と水曜日）髪を剃ることをすすめます。そうすればエネルギー体を浄化し、肉体を癒し、加齢の過程を逆転させることができるからです。また、若返りの過程を加速させることもできます。

◆ステップ9：入浴

水の浄化はシンプルでやさしいものです。もう何年ものあいだ、私は日に一時間バスタブの湯に浸かって、瞑想することを習慣にしています。毎日シャワーを浴びることにも効果はありますが、週に一度は水中に完全に浸かることをすすめます。水に入りながら結合呼吸をすれば特別な効果を得られるからですが、そればかりでなく、水に入るときに瞑想をしたり、変化を感じ取ったりすれば、自分のエネルギー体――すなわち、人間のオーラ――を簡単に実感できるからです（以下の「水と風の浄化」の項を参照）。

◈ステップ10：火

二十世紀の私たちは、火を特別なものとは思っていません。私たちは火の力を自家用車や家庭で使っています。火は私たちがすべきことのほとんどを代わりに行なってくれているし、快適さや楽しさを無限に生み出す源泉だからです。しかし、インドやアメリカ先住民の文化では、火がもたらす恩恵への尊敬と感謝をあらわすため、火に普通の食べ物を与える儀式が行なわれます。またアメリカインディアンたちは、自然の神に食べてもらうため、水源に食べ物をささげるときもあります。これらは良き行です。

◈ステップ11：手の仕事

肉体労働は聖なるものです。定期的に自分の身体を使って家事やガーデニング、ごみ捨てなどをするようすすめます。大地を使って、あるいは大地の上で仕事をすると、良い気分になれ、霊的に悟ることができます。農業は地上で最も神聖な職業です。ボディーワークやマッサージ、太極拳のような武術、運動なども手の仕事のうちに含めていいです。マッサージやボディーワークを受けることは、霊的浄化の一つの方法なのです。

◆ステップ12：人口コントロール

人口増加をコントロールするために、一人ひとりがみずからの生殖能力に対する責任意識を働かせなければなりません。肉体の不死が広まれば広まるほど、子作りにいっそう意識的になることが重要となります。誕生と死のサイクルにまつわるトラウマを解消すると、みずからの選択で地上にあらわれたり、地上から消えたりする能力が復活します。よって、地球の人口過剰問題を緩和するうえで、変容が肉体の死に代わる、受け入れられる方策となります。

◆ステップ13：金銭

知的で楽しく、愛に満ちたサービスを提供してマネーゲームに勝つことは、一つの霊的浄化法です。人生で受け取る有形無形の報酬は、あなたが地球上の仲間に与えたサービスの質と量にぴたりと比例しているのです。金銭についての詳細は15章を参照してください。

以上のシンプルで自然な十三の霊的浄化を行なった結果、与えられる啓示や自由は、地上に天国を築く力を持つものです。あなた個人の完全性は永遠に、いついかなるときでもあなたを待ち受けています。以上のような霊的浄化のエクササイズを行なえば、あなたは開かれ、完全性を受け入れられるようになります。また、すべての否定性を手放せます。以上のエクササイズは、楽しいうえに真実を教えてくれるのです。

水と風の浄化

以下の浄化は一人でやることです。次の過程を一日に二回行ないます。

① バスタブに水を溜める。
② 鼻で呼吸をしながら、結合呼吸のリズムをはじめる。
③ 呼吸をしながら、片方の足を水に入れる。
④ 肉体と感情におきるすべての変化を十分に体験するまで、呼吸をつづける。
⑤ もう片方の足を水に入れ、すべての変化を十分に体験するまで呼吸をつづける。たとえば、体が突然ほてったり、冷たくなったりする人もいる。
⑥ バスタブの中に座り、変化を十分に経験するまで呼吸をつづける（この時点で、吐く息は老廃物でいっぱいになっていることに気づくかもしれない）。
⑦ 吐く息が軽く、バランスが取れて、開放的になるまで呼吸をつづける。

⑧首まで水に浸かって横たわり、吐く息が完全に軽く、リラックスした状態になるまで呼吸をつづける。

⑨頭を後ろに倒してクラウンチャクラ（頭頂）を水に浸ける。そして、エネルギーの変化をしっかりと経験し終えるまで呼吸をつづける。

⑩額まで水に入れ、鼻と口だけ出す。その姿勢のまま完全にリラックスし、エネルギー体が澄んで清らかになり、バランスを取り戻したように感じられるまで呼吸をつづける。そして、自分のエネルギーセンターの位置に気づく。

⑪結合呼吸をつづけながら実験として両足を水から出し、エネルギー体の変化に気づく。

⑫この手順を逆にする。頭を水から出し、立ち上がり、片足ずつ水から出る。呼吸は結合させつづける。

⑬以上の手順を三回くり返す。

⑭顎がリラックスしているか、また肩や脚、骨盤などがリラックスしているかどうかに気づく。ゆっくりと時間をかけること！　清浄でバランスの取れたエネルギー体以上のものなどないのだから。

注　記

＊完全に水の外に出てから、また水の中に戻ることを三回くり返すと、過去から引きずっている心

理的な感情――主に幼児期の感情――をたくさん処理できます。
＊幼児期の感情は通常、誕生時のトラウマよりも影響力が大きく、頑固です。それは肉体のうちにある無力感と絶望感です。しかし以上のエクササイズをするたびに、こうした感情をだんだんと解消してゆくことができます。
＊意識的な呼吸セッションのあいだだけでなく、一日二十四時間、いつでも九十パーセント以上は鼻で呼吸をします。
＊ほとんどの呼吸は、横隔膜だけでなく、胸の上部も膨らませて行なうようにすることです。
＊腹部（横隔膜）で呼吸するとき、前に突き出したお腹にヒモが結びつけてあると想像します。そして、単にお腹が膨らむだけでなく、その膨らみを胸や脚、足、頭でも感じるようにすることです。あなたのエネルギー体は全体として、まるで風船のように、息を吸うときに膨らみ、息を吐くときに縮みます。吐く息はコントロールしようとすべきではありません。
＊鼻で呼吸をするとき、体内で動くエネルギーが神経系や循環系を浄化します。つまり、口で呼吸するよりも、鼻で呼吸するほうがはるかに効果的なのです。
＊水にエネルギー体を浸けると、オーラのエネルギーの輪は水によって浄化されます。入浴しながら意識的な呼吸を行なえば、両方の効果を強められます。
＊この浄化を温かい湯の中で行なうのと、冷たい水の中で行なうのとではまったく違う結果を生みます。異なる温度で試し、何がわかるか調べてみるとよいでしょう。ここで、温かいとは摂氏

約三十七度以上をいい、冷たいとはそれ未満をいいます。

＊水の浄化を行なえば、物理的宇宙について単に頭で考えて恐怖を抱くのではなく、その宇宙を直接的に経験する機会を得られます。

思考の支配

悟りには多くの次元や段階があります。霊的な覚醒は、「エネルギーは、みずからが考えるものになる！」と気づくことによってはじまります。思考は監督であり、エネルギーの統治者なのです。エネルギーは思考の究極の源ですが、思考につき従います。

思考は宇宙の最小の粒子です。思考は原子を創造します。思考は同時に、宇宙で最大のものでもあります。思考は銀河の数々を作り出し、それを包含します。思考は真実の源泉ではありませんが、真実の最高執行役です。

思考を支配することは不可欠です。無意識的で否定的な思考がたまり、感情に転化すると、臓器の不調を引き起こします。否定的な思考や感情は緊張や惨めな気持ち、痛みなどを生み出すが、これらは単に身体を殺すだけでなく、人生の喜びを破壊し、ひいては生きようとする意志すら破壊するものです。

死ぬ人は誰でも、思考の力で死にます。私たちの思考と習慣が、身体を今の姿につくりあげているのです。思考を支配すれば、結果を支配できます。それが個人の力というものです。

意識的なマスターになるために、ほとんどの人が数百年は費やさなければならないことは明らかです。そうであれば、肉体的に死んでまた生まれ変わる、という昔ながらのやり方は、学びの過程にとって不要な中断です。

あらゆる奇跡的なやり方で、身体の自然な作用を一時的に停止させたり、コントロールしたり、変化させたり、促したりできることを、人々はありふれた日常生活で実証しています。私たちが今すでに持っている創造力は、いつでも自然の法則や過程に介入し、意図の力だけでそれを変えられるのです。超自然的なエネルギーと取り引きしなければならないなどと思わず、みずからのありふれた神性や人間性と調和して生きているとき、私たちの人生は最もストレスがないものとなります。

私たちは思考の力を軽んじていたり、あるいはまったく知らないでいるために、身体以上に心の使い方を誤っています。思考は、みずからの力の源泉である純粋な**生命エネルギー**をのぞけば、何に対しても万能の力を行使できるのです。

思考を使って純粋なエネルギーから直接に人体を組み立てるのは、悟りの究極段階です。これを行なうには、思考内容を物理的な形で実現する力を支配しなければなりません。だが、それは難しくはありません。私たちの思考はおのずと形をとってあらわれる傾向にあるからです。私たちがすべきなのは、ただ考えている内容を――つねに、すべての思考を――コントロールすることだけです。イエスはこれを、「監視すること」と呼びました。

火と不死身マシーン

ヨーガの伝統では、この行はパンチャグニ、すなわち五つの火と呼ばれています。四つの火は四角形のそれぞれの角に、三、四メートルずつ離してつけます。そして、ヨギはこの四つの火の中央に座り、太陽を、すなわち五つ目の火を見つめるのです。日の出から日の入りにいたるあいだ、一日中太陽を見ていられるようになるまで、ヨギは来る日も来る日もこの行をつづけます。さらに一晩中、月も眺めます。もちろん、この行を完全に行なうのは非常に高度なことです。必要であれば、ヨギは誰かに食事をもってきてもらうこともあります。

私はこの五つの火の行を、これまでに何度かグループで行なったことがあります。それぞれが四角形の中央に一時間かそれ以上座り、ほかの人は火に食べ物を与えたり、世話をしたりします。これは非常に強力な行です。エネルギー体をとても早く、徹底的に浄化するので、私たちはそれを「不死身マシーン」という別名で呼んだくらいでした。

これもまた、私が例外的にほかの人と火を楽しめる事例です。まる一日打ち込むと、グループのメンバーの痛みを感じながら、一つのエネルギーサイクルを完全に経験できるからです。そのため、最後のほうでは参加者全員が非常に良い気分になっています。

また、満月を褒めたたえるために一晩中この行をするのも楽しいものです。

火とロウソクの瞑想

私たちの日常生活で、ロウソクは便利かつ一般的な火の使い方です。家に暖炉がなければ、ロウソクはその代用となります。ロウソクの瞑想をやって、何本必要か見つけることをすすめます。

① まず、十二本のロウソクを立てる。
② 一本に火をつける。そしてその結果、自分が感じるようになったことについて数分間、瞑想をする。
③ 二本目のロウソクに火をつけ、瞑想をつづける。
④ 一つひとつ火をつけるロウソクを増やしていき、そのつど瞑想をする。それを、十二本全部につけ終わるまでつづける。
⑤ 一本目から十二本目までのどこかで、結論を見出すことだろう。自分のエネルギー体に動き、あるいは改善があるのを見出すのだ。そのときの数が、十分な効果を得るうえで、座っているそばに（あるいは、安全を保てるなら寝ているそばに）立てるべきロウソクの本数である。

私はしばしばロウソクを使います。少なくとも四本には火をつけますが、燃えたロウから出た煙のせいで頭が痛くなるときがあります。そこで、ガラスコップや金属製のカップに油を入れ、灯心に火をつける実験をしてみました。私はこのほうがロウソクよりも好きです。でも、油の中には煙が出すぎるものもあるので、あなたも実験してみる必要があります。オリーブ・オイルはうまくいきます。コップの中に油と水を入れておくこともできます。そうすると、油は表面に浮かび上がります。灯心が油を燃やし尽くすと、底の水が自動的に火を消してくれるので、とても安全にコップを使えます。

そのうえ、油や水に色をつければ、美しい光を作り出すこともできます。

断食と食事

不死になるには、飢えの恐怖を手放さなければなりません。それには、食べ物がなくても生きられるとしっかりわかるまで、食べるのをやめることによってそれを行なうわけです。しかし、すべてをいっぺんにやろうとするのではなく、一度に一日ずつ行なうべきです。苦行のヨーガは、楽しみや慰めのヨーガと組み合わせて行なわなければなりません。

断食の目的は飢えることや体重を減らすことではありません。身体を浄化するという本来の作業を、血液にさせることが目的です。断食は物質的な汚染だけでなく、感情的な汚染をも取り除きます。また断食を行なえば、身体は霊と結びつき、霊の意識的生活に組み込まれるようになります。私がこれまでに出会ったなかでは、一日おきか、それ以下しか食べていなかった人は全員、毎日食べている人よりも健康で強靭《きょうじん》であり、また知性と愛に満ちています。このような生活を一週間試して、どのように感じるかを調べてみるといいでしょう。科学者になりましょう。あなたの身体こそが、究極の研究室です。

自分がどれほど汚染されてしまっているかを知るために、断食や禁欲が必要なときもあります。簡単な断食をしただけで、自分がどれほど大地や自然から遠ざかっているかに気づけるほどの空腹を感じられたなら、霊的浄化の過程ははじまっています。断食の結果、自分の庭を持とうと思いついたとすれば、何度か食事を抜いたために、あなたの命が救われたことは明白なはずです。

予備知識を持っておかなければなりません。断食をして病気が治る人もいれば、気分が悪くなる人もいます。長期にわたる断食を試す前に、十回から二十回のリバーシング・セッションを受けて結合呼吸のリズムを習得し、それから少なくとも三十日間は毎日一時間、そのリズムをつづけることをすすめます。また長期の断食をする前には、必ず簡単な断食をしてみたり、食事についてのさまざまな提案を試してみるべきです。

呼吸を習得することなく断食をすると、浄化の過程がはじまった結果、子ども時代の病を再体験しなければならなくなることがあります。これが、断食をして病気が治る人と体調が悪くなる人がいるという理由です。一般的な法則として、気分が悪いときに断食をはじめると、その治癒の過程を加速させます。元気なときに断食をはじめると、古い精神分析上の病気が浄化されます。この過程は病気を表面化させる可能性がありますが、断食をつづけて浄化の過程が完了すれば、とても健康な身体に戻れるのです。しかしながら、断食を長くしていると、心からまったく病因がなくなるまで、潜在意識に蓄えられていた病が次から次へと表面化しつづけるときもあります。だからもし憔悴《しょうすい》してしまったり、極端に体重が減ったりしたら、断食は中断し、気分が良くなってからふたたびはじめましょう。

断食をするときに目指すべきは、惨めな状態を作り出すことではなく、喜びを感じたり、心身を支配するすぐれた能力を作り出すことなのですから。

卑劣になったり、いらだったりしたら、断食を中止すべきです。霊的浄化の目的は、真実とシンプルさと愛にあります。断食をしても感受性が豊かになったり、やさしく、愛に満ちた状態にならなければ撤退し、もっとじっくり考えて、呼吸の支配について学ぶべきです。思索すること、呼吸を支配すること、そして愛のメッセージを受け取ったり、愛情や友情を受け入れたりすることは、霊的浄化の究極のテクニックなのです。

霊的浄化の行は少しずつ取り入れるべきだということは、くり返し述べる価値があります。身体が衰弱したり、気分が混乱したり、落ち込んだり、怒りを感じたり、またそのほか感情が乱れるのを感じたら、霊的浄化のエクササイズはやめ、バランスや安定を回復するまではいつもの習慣に戻るべきです。「いつもどおり」に感じられるのは、ひどく病気におかされている状態や汚染されている状態かもしれませんが、自分や他人が死なないかぎり、そこに戻ってもかまわないのです。

聖書によれば、イエスは飲み食いせずに四十昼夜断食をしました。東洋の不死者だけでなく、聖書の不死者たちもみな、四十日間の断食を行なっています。もし博士号や、医学上の、あるいは聖職上の資格を取るにはこのような断食が（そして、その前提条件のすべてが）必須となるなら、世の中が対処しなければならない戯言ははるかに減るでしょう。思考が（文字どおりに）創造的であることや、呼吸が持つ力を知らずに、またマッサージや断食のような実用的なことを学ばずに、人々が大学を卒業できるのは悲劇です。霊、心、身体に意識的になってもらうために、一生に一度、きちんとした断食をするよう要求するのは、過大なことではありません。断食は身体の世話の仕方について、食べ物とはいったい何かについて教えてくれます。断食は学校で教えられるべきことなのです。

食事内容を一つの、あるいは一種類の食材に制限することも断食です。四十日間という上級の断食を試す前に、一、二年くらいは月に一度、一日から三日間、水だけで過ごすようすすめます。最初の年は一週間に一日、水だけを摂取する断食を行なえば十分です。そのうえで、実験をしながら断食の限界を拡げてゆくことです。その際、あなたの肉体と常識は最良の教師です。自分自身、あるいは自分の身体に無理をさせてはいけません。精神物理的な有機体はやさしく、愛情を持って訓練しなければなりません。身体がよりいっそう光で満たされるようになると、滋養学や断食は直観の科学となります。

断食は、習得するには多くの経験を必要とする技術です。断食によって、抑圧されていた痛みや感情がわきあがってきます。だから最初は、断食によるヒーリングの過程は短く完了させなければなりません。内なる自由の味を覚えて、人生全体を一度に癒そうとした人々を私は見てきました。だが、そのようなことはできません。遅さこそ神聖さです。衰弱や苦しみが生じたら、横になって、自分の呼吸だけに意識を向けるようにすることです。

食べ物を支配するには十年から二十年の修行が必要です。あまりにも急ごうとすると、正気でなくなったり、体調が非常に悪くなったりしかねません。激しい苦痛が表面化して、それを取り除くために自殺しようとするかもしれません。だが、正しくやれば、断食は驚くほどすばらしいものです。心と身体についての新たな世界を、たくさん開いてくれます。断食は血液や細胞、そして記憶を浄化します。断食が癒せないものなどないのです。それは魂にとって大きな冒険であるし、薬物以上にサイケデリックな効果をもたらします。断食はテレビより満足を与えてくれるし、家を修理するよりずっとおもしろいものです。断食は楽しいものなのです！

睡眠は、ほとんどの人が意図せずに行なう断食です。そのおかげで、私たちは生きていられます。睡眠のあとの食事は「ブレックファスト（breakfast）」と呼ばれますが、夜のあいだの断食（fast）を終わらせる（break）という意味です。断食をたくさんする人は、ほとんど眠らなくて大丈夫です。そういう人はだいたい口をそろえて、身体にとって食事はよけいな仕事だと言います。多すぎる食事を消化する労苦から回復するためには、身体は多くの休息をとらなければならなくなります。

不死身のヨギたちは何年も、いや何百年でさえ食べずに過ごします。しかし、彼らは五十年から百年かけて食べ物を支配したのです。食べ物を支配するのにこれほどの時間がかかるとしたら、あなたはいつはじめるでしょうか。今週はじめるでしょうか、それとも決してはじめようとはしないでしょうか。ほとんどの人は食べ物のせいで死にます。健康的で、幸せで、しかも不死身になりたいのなら、食べ物を支配しなければなりません。そして、どこかでその努力をはじめなければなりません。食べ物に対する勝利こそが、究極の勝利を得るための基本的な道です。

以下のシンプルな食事法を一つずつ試してみましょう。

＊最初に、水分しか摂らない一日断食を身につける――はじめはジュースを飲み、後には水だけにする。次にそれを三日つづける（中間日にまったく普通と変わらず、エネルギーに満ちているのを経験するなら、あなたは地上の天国を味わっていることだろう）。

＊毎日ではなく一日おきに食事をし、その体験が食事の意味について何を語っているのかを理解する。

＊一ヵ月か二ヵ月のあいだ、一週間おきにフルーツだけを食べる。

＊一週間、あるいは一ヵ月間、牛乳だけを摂る。

＊三十日間、菜食を守る。

菜食主義の利点と肉中心の食事の弊害が書かれた本はたくさんあります。だから、ここで詳しく述べる必要はないのですが、これは重大な問題なので、できるだけ学ぶようすすめます。肉を食べると、消化器官や循環器官は破壊され、細胞は汚染されます。医学の研究によって、肉を食べれば遅かれ早かれ、肉体は死ななければならないことは明らかになっているのです。これは初歩的な知識です。そのうえ、聖書が言うように身体が神の生ける寺院であるならば、動物を食べることは、動物を火にくべて神の生贄とするより、はるかに野蛮な行ないではないでしょうか。

私は癌になったせいで、身体の聖なるヒーリング力について非常に多くを学びました。癌を克服した人には、特別な資格が与えられるべきです。それは医学博士号などより価値があるものでしょう。

ヴィジョン・クエスト

変容や復活は、アメリカ先住民の諸文化に共通する主題です。先住民の文化の多くがヴィジョン・クエストの伝統を持っています。それは哲学としてのみではなく、実際の体験としての復活や変容へと人々を導くものです。

アメリカ先住民の古典的なヴィジョン・クエストの伝統では、若者は部族を離れ、一人で自然の中を歩きます。ヴィジョンがあらわれるまで、食べ物や飲み物、そしてたぶん睡眠すらとってはなりません。このヴィジョンとは幻覚ではなく、賢者が実際に復活したり、物質的にあらわれたりすることです。そして、賢者は探求者の人生に導きを与えるのです。

多くの若者がヴィジョン・クエストに失敗します。また、成功者の多くも二度とは行ないません。けれども、それを一生の道とする人もいます。復活した賢者と出会うことは、何度でもできることなのです。誰もが毎年、いや、毎月や毎日でもヴィジョン・クエストを行なえると私は信じています。子どもの中には、実際に高次の霊的家族と暮らしていて、肉体の家族とまったく同じように、彼らを見たり、触ったり、彼らと話をしている者がいますが、大人でもこれは可能なことです。

私たちは、この能力を復活させなければなりません。

霊的浄化（あるいは苦行）はつねに、神にいたる、そして神を地上へともたらす一番の方法でした。だが、

永遠の父みずからが身体を物質化させるときもあります。アメリカインディアンの伝統では、それは通常、アメリカ先住民の霊的なマスターのことです。アメリカ「インディアン」という言葉はコロンブスの勘違いに端を発すると考えられていますが、私はそうは思いません。アメリカ先住民の文化や宗教は、地、風、水、火、そして詠唱《チャンティング》に基づくものであり、典型的にインド風だからです。

ヴィジョン・クエストは、若者に洞窟で瞑想をさせる東インドの伝統に似ています。なかには、霊的な弟子がグルに食べ物を運んできてもらいながら、十一ヵ月間洞窟で過ごすという伝統もあります。そのあいだ、彼らは言葉を用いずに、テレパシーによって教えを受けます。

ヴィジョン・クエストとは、サドゥのライフスタイルを一時的に経験することです。それを行なえば、自尊心を高められます。自然への敬意や文明への感謝を学べます。心身の健康を無限に高められます。人々は強靭に、そしてよりバランスの取れた状態になります。ヴィジョン・クエストには、心、地、風、水、火を使ったあらゆる霊的浄化法が含まれています。つまり、きわめてホリスティックで、力強いヒーリング法なのです。

しっかりとした管理のもとで行なわれる、穏やかなヴィジョン・クエスト・プログラムを私は作りました。いちばん短いヴィジョン・クエストは、まる一日と二夜で終わるものです。参加者は水以外は摂取せず、一日に二度、温泉か冷たい川で水浴をします。またそのあいだ、火を絶やさず、一日に一度、ヴィジョン・クエスト監督者の訪問を受けます。理想をいえば、期限を定めず、参加者が望むならもっと長く森の中にいられるのがよいでしょう。だが初めは普通、最短のもので十分です。そのため、数年間は年に一度、最短のヴィジョン・クエストを行なえばよいと思う人もいます。そのいっぽうで、急いでしまう参加者もいます。しかし、そういう人は一度に完全な解放を達成しようとするため、監督者の指導も受けず、みずからを傷つけてしまいがちです。

霊的解放を一度経験し、必要以上にその状態に留まろうとして、心身の健康を危うくしてしまった人々を私は見てきました。一回のヴィジョン・クエストで、完全な霊的解放を達成することなどできはしません。無理をしてはいけないのです。ヴィジョン・クエストは強迫的行為ではありません。段階的に、賢明なやり方で進歩させるものなのです。

そのいっぽうで、神に喜ばれるのはやさしいということも私は知りました。ほとんどの人が厳しい禁欲などしなくても、ヴィジョンを与えられているからです。ヴィジョン・クエスト実践者のほとんどが、非常に美しく、豊かな体験をしています。

ヴィジョン・クエストは最高度の教育のうちに数えられるものです。ヴィジョン・クエスト・プログラムは、すべての国有林で行なわれるべきであると私は信じています。それは環境に、きわめて肯定的な影響を及ぼすことができます。人間の最善の意識を森林に注ぐことができるからです。ヴィジョン・クエストは林床を浄化し、山林火災を防ぎます。森林と恋に落ち、その守護者となる人を増やします。文明の病を治し、人々を癒します。すべての森林にボランティアの管理人が――聖なる世話人が――いなければならないのです。

またすべての森林には、人々が火の浄化を行なうための火の寺院がなければなりません。火の寺院は自然資源にとってだけでなく、人間生態学にとっても良い影響を持ちます。都会の公園にも火の寺院があれば、都市部でもヴィジョン・クエストはできるでしょう。都市に住む人々でも週末には簡単に山や砂漠にいき、すばやく若返ることができます。知的職業に従事する人々が燃え尽きてしまうのを防いだり、また燃え尽きてしまったのを治すうえで、これは理想的な活動です。定期的に行なえば、成功した生活を送るためのストレスを解消し、創造性や活力を新たにできます。

スー族には三日間、断食し、歌い、踊る、火の儀式の伝統があります。このような伝統は、肉体の不死の実現を加速させるものです。

ホピ族は北米大陸の霊的首都です。私は毎年、ホピランドへ巡礼しようと思っています。私自身の行は、その土地で三夜寝ることです。ホピランドで三日過ごすあいだ、私はいつも完全な復活を経験します。それは、カルチュラル・センター・モーテルに泊まり、テレビを見ていても変わりません。ホピランドのエネルギーは強い浸透力を持っているので、何にも妨げられずにその恩恵に浴することができるからです。

不死のヨーガの基本的要素は、アメリカ先住民の文化にも存在しています。ホピ族とその文化が少なくとも八万年は変わっていないことは、型にはまった学者でさえ認めるところです。アメリカ合衆国はこれほど長くつづくでしょうか。キリスト教でさえ、これほどつづくでしょうか。十万年たっても、ラム、シタ、ハヌマンは広く知られています。では、イエス・キリストやモーセは、十万年たってもそれほど広く知られているでしょうか。

霊性と自動車

自動車を運転するとき、自分が乗っているのは瞑想マシーンであることを忘れないようにしてください。自動車の運転には、高度な知性と勇気がなければなりません。現代人が車で高速道路を走っているとき、決まって一日に何度も生死すれすれの状況に直面しているわけですが、そのような機会を持つことなど歴史上かつてなかったことです。

現代の世代が霊的浄化を行なうために利用する乗り物の中で、自動車は神のお気に入りの一つです。車はしばしば人々を孤独にし、彼らに瞑想させるからです。運転しているあいだに十分に深い思索をして、感情的な問題を解決しなければ、自動車は故障したり、事故にあったりします。だから実際には、偶然の事故などというものはなく、感情的な問題が表面化する場を探していただけなのです。

死の衝動を極度に強めてしまった人々でも、車のおかげで戦争を起こすことなく死ぬことができます。おそらく自家用車や公共の旅客飛行機のほうが、正統的なキリスト教会や近代的な高学費の大学を全部あわせたよりも、第三次世界大戦を防ぐために大きな貢献をしてきたのでしょう。

15章
個人の悟りと市民の義務

洞窟の隠者として暮らしたいと思うのでなければ、不死身のヨギになるうえで、自分の属するコミュニティーに多くの注意を払わなければなりません。市民としての責任を果たすことは、愛を実践するうえで不可欠の要素です。

政治は大人にとって、教育や霊的な覚醒のための貴重な機会です。そしてコミュニティーは、私たちが隣人を育て、また隣人に育てられる場です。

アメリカの町民会の伝統は、コミュニティーの意志を表明する手段となっています。この場を作り出すためには、実際に活躍する世話役が必要です。なぜなら、ほとんどのコミュニティーで、みな、誰かが行動を起こしてくれるのを待っているからです。また、地域の代表を選出することも力強いアイディアです。このアイディアについて、私はこれから短く紹介したいと思っています。そして、もし実際に取り組みたいと思ったら、P. O. Box 118, Walton, NY 13856 に手紙をいただければ詳しい情報をお知らせしましょう。

実際のところ、アメリカ合衆国ばかりか世界中で民主主義は消えつつあります。政府は自分たちに奉仕していないとみなが感じていますが、そのくせ、この事態を何とかしようとする者もいません。民主主義とは、人民による支配のことです。すなわち、統治される者によって管理される政体のことです。人民の、人民による、人民のための政府です。また共和制とは、人民が自らを、選挙された代表を通じて支配することです。だが、共和制による民主主義は今日、死んでいます。なぜなら、人民が――すなわち投票者である市民が――自分たちが選んだ代表になど関心を持たなくなったからです。実際、調査してみればわかることですが、ほとんどの人が自分たちの代表が誰であるかも知りはしません。

問題は一夜にして起きたわけでも、一年で起きたわけでもありません。それは今から二百年以上も前の、合衆国憲法が記されたあとからはじまっています。人口の拡大が代表制の原則を次第に蝕んでゆき、いまでは私たちの代表は、私たちが何者であるかも気にしていません。そして、私たちのほうも、選ばれたのが何者かを気にしていません。ほとんどの市民にとって、選挙で投票することは無意味な行為となっているのです。まったく投票しない者まで大勢いるのですから。

この問題を解決する唯一の方法は、市民に代わってフルタイムで政府を監視する地域の指導者を、住民千人に一人ずつ選出することです。この選ばれた地域の代表は、ほかのさまざまな代表が現在、何をしているのかを私たちに教えてくれます。そして、地方や州、連邦の（さらには国際的な?）レベルにいたるまで、政府が人民の支配者ではなく、ふたたび奉仕者となるような変革を起こしてくれます。

選ばれた地域の指導者は、私たちが政府に対する支配力を取り戻す唯一の希望です。

これ以外に方法はありません。人民の、人民による、人民のための政府は、人民なくして持つことはできないのです。地域の代表と毎月の町民会がなければ、私たちは無力です。

参加民主主義か、民主主義の死かのどちらかしかあり得ないのです。だが、どうすれば「人民」に関心を持ってもらい、政治に参加してもらえるでしょうか。それに答えるには、私たちは心理学と霊的な覚醒の問題に直面しなければなりません。人民はなぜ、無関心で無知な被害者になっているのでしょうか。

あらゆる街区に地域の指導者を持つ以外に、「人民」を目覚めさせ、鼓舞し、教育する方法はありません。この指導者は、人民が望んだり、準備ができたときに、彼らの口まで情報をスプーンで運んでくれる人物です。しかし、このような指導者―教師をすべての地域で選出し、また経済的に支えるには私たちはどうすればよいのでしょうか。

あなたと私とで、はじめなければならないのです。私は率先してその役割を担おうと思います。そしてあなたは私に投票し、また私の活動を支えるために月に十ドルずつ寄付をします。十ドルはそれほど多い額には思えないかもしれませんが、もしあなたといっしょに毎月寄付してくれる者を千人集められれば、月の収入は一万ドルになります。これだけの月の予算があれば、あなたや私の利益のために選出されている代表者たちに影響を与える時間と資金を、私は得たことになります。現在選出されている公務員が要望にこたえてくれなかったとしても、彼らを更迭できるだけの草の根の政治力を私たちは持つことになるのです。もし、あなたも地域全体から選ばれた指導者になろうとするなら、私はあなたが成功するまで支持と協力を惜しまないでしょう。

政治と無関心の心理学

ほとんどの人は両親によって、許可がなければ何もしないようにプログラムされています。また、新しいことを試す前には承認を得なければならないとも教えられています。ということは、現在選ばれている代表が有権者の承認を待っており、有権者が自分で選んだ政府の公務員の承認を待っているかぎり、変化は決して起こらないのです。

人は新しい考え方を恐れています。新しい考え方のせいで、他人に非難されたり、場合によっては処罰されたりするかもしれないと恐れているからです。政治は心理的な問題によって制限されています。そして無関心が、両親に非難された経験によって引き起こされています。ほとんどすべての子どもが、両親から不当に罰せられた経験があるものです。そういう子どもは協力などするものかと決心したり、親が賛成する活動や計画には参加しないといった反応をします。このような反抗的な行動パターンはさらにひどくなってゆきます。仕返しをするために、子どもは親を非難するようになります。

現代のほとんどの大人は、市民として無責任な態度をとったり、コミュニティーに参加しないことによって、この未熟な感情パターンをむき出しにしています。お金にまつわるパターン――ぎりぎり生活できる程度のお金を稼ぐ以外には、時間もエネルギーも残っていないというパターン――にもはまり込んでいます。

複雑な官僚制の階層が発達し、市民の参加に取って代わった結果、合衆国でもどこでも、無関心が参加民主主義の精神と現実をほとんど完全に殺してしまいました。

自明のことながら、官僚は許可がなければ何もしません。人民への奉仕などという観念は失われてしまっています。人道主義的な動機など、古臭く、もはや廃れてしまった理想主義と考えられているのです。

私たちの所得税制は完全に腐敗しています。国民は無意識のうちに、国税庁や民間企業である連邦準備制度の奴隷になってしまっています。これ以上、この問題について論じるつもりはありませんが、しかし、あなたが政治的な責任を果たさないために、あなたのお金が失われているということは指摘しておきます――毎週、一日分から三日分の収入を取られていることになります。あなたはいつ目覚めて、みずからを無知に売り渡すのをやめるのでしょうか。

内なる神の本性を知ると、市民に奉仕する参加民主主義を再建すべく、神の権利や権威を行使するようになるものです。しかし、人々は感情的なトラウマの層をいくつも持っているので、理性的で責任ある市民となる前に、まずはその諸層を癒さなければなりません。では、誰が癒すというのでしょうか。

いうまでもなく、その仕事は、それぞれの街区の目覚めた指導者だけができるのです。しかし、彼らはどこからやって来るのでしょう。そして、どのように訓練されるのでしょうか。誰によって選ばれるというのでしょうか。無関心な市民が、誰かを選ぶなどということがあるのでしょうか。選ばれるにふさわしいほど関心が高く、知的な人物を、市民千人ごとに見つけられるでしょうか。かりにやる気のある人物を見つけられたとしても、理性的に、かつ責任をもって義務をはたしてもらうべく市民を癒すには、どのような問題に直面することになるのでしょうか。

明らかに、この過程自体が訓練プログラムなのです。しかし、この過程をスタートさせるのは誰なのでしょう。霊的に目覚めた者とは誰なのでしょうか。地域代表の概念を誰かに実現してもらおうと思って最初に本に書いてから三十年間、私は虚しく待ちつづけてきました。知的で感受性の強い市民など、どこにいるのでしょう。どこに責任感の持ち主がいるのでしょう。霊的に目覚めた人々はどこにいるのでしょうか。そのような人物を見つけることは、砂漠のただ中で泉を見つけるようなものです。

参加民主主義を復活させ、地上に楽園を作り出す方法の一つが町民会です。このような会合は、人々をあらゆる面で癒します。霊的、政治的、感情的、経済的、社会的に癒すばかりでなく、肉体的な病をも癒してしまいます。しかし、人々に参加してもらうのはとても難しいでしょう。一年や二年は週に一度、あるいは月に一度ずつ町民会を行なわなければなりません。人々の習慣的な無関心や無意識を治療するには、長期の継続が必要なのです。

毎週の町民会を補足するために、選出された地域代表の概念や、その制度が既存の政治構造においてどう機能するかについて、きちんと説明するセミナーを開いてもいいでしょう。そのセミナーでは霊的な覚醒と、思想、言論、信教の自由とが説明されます。市民権と責任については、誰もが基礎的な教育を受ける必要があるのです。

市民権の経済的側面

課税なき政府の概念を紹介しなければ、肉体の不死をあつかう本書は手抜きだということになるでしょう。「人生で確実なのは、死と税だ」と言われます。人と話していると、彼らがどれほど死や税金に縛られたがっており、また縛られていることを誇りにしているかに気づいて、私は驚いてしまいます。犠牲者は束縛と罰を愛します。罪の罰は死である、と聖書も言っています。人々はみずからを、神の本性を持つ神の子孫と考えるよりも、罪人と考えることに多くの時間を費やしているとしか、私には思えないのです。

イエスは「国の子どもは税を払わなくてよい」と言いました。この言葉の経緯については、私にはわかりません。しかし、もしあなたがお金についてきちんと理解したなら、税金は本当に不必要になるのです。以下の考え(簡約版だが)を書けるようになるまで、私は三十年の月日を費やしました。私はそれを何千もの人に読み聞かせましたが、みな口をそろえて「そのとおり！　そうあるべきだ」と言います。しかし、実行に移すことはありません。

お金が複雑なものである必要はありません。以下に紹介するのは、個人の豊かさと公の財政双方にとっての、お金の秘訣です。この考え方を真似したり、分かち合いさえすれば、国の借金は返済できます。何よりもまず、お金は交換の手段です。何と交換しますか。富です。富とはアイディアであり、物であり、サービスです。お金そのものは富ではないが、富を交換したり、計ったりする手段です。お金とは、数字の「1」や「0」や紙きれ（そして現在ではコンピューターチップ）にすぎません。

お金はまた、メリーゴーランドです。あなたが持っていないお金はすべて、ほかの人のものなのです。あなたも私も、人に物やアイディアやサービスを提供することによってお金を手にしています。つまり、より多くの人に奉仕すれば、私たちは簡単に収入を倍にできるのです。人々の愛するものや目指すものにあわせて個人の創造性を発揮すれば、富を生む愛の奉仕を行なえます。そして、同じ趣味を持つ人に、あなたが人生で愛するものや楽しんでいるものを提供するならば、楽しみながらマネーゲームに勝利できます。

さてここで、マクロ経済についての革命的な講義をしましょう。あなたは本当に興奮することでしょう！　お金とは買い手と売り手が（あるいは富の消費者と生産者と呼んでもよいが）アイディアや物やサービスを交換する手段です。もっと簡単に言えば、経済とは労働者と消費者によって成り立っているのであり、あきらかに同じ人々が交換し合っていることになります。

つまり、本当のお金の源泉は買い手と売り手、すなわち私たち市民なのです！　私たちはお金の制度の、本当の源泉であるのです。富を交換するうえで役立つならば、どんなお金の制度でも作り出せる当然の権利を、私たちは持っているのです。お金は人民の僕《しもべ》であって、主人ではないのですから。言い換えれば、私たちはお金を印刷する自然権を持っているのです。また、お金を印刷する法的権利も持っています。そうなのだ！　私たちには連邦準備券を印刷する権利はありません——これは偽造です。しかし、お金を印刷する法律上の権利はあります。銀行で個人小切手を注文するときにはいつも、私たちはこの権利を行使しています。地域の店でクレジットカードを使うときも、何もないところからお金を印刷しています。アイディア、物、サービスの交換取引をしやすくするため、あなた自身と各地の小売店は新しくお金を印刷しつづけているのです。

お金やお金の制度を理解することは大きなビジネスになりますが、ここで私は、それによって儲ける方法をお教えしようと思います。

あなたは国民として、お金の制度を所有しています。お金とは、社会的な対話や合意の経験です。お金の価値は、取り引きをするごとに買い手と売り手によって決定されます。つまり、すべての取り引きは、交渉や選択によって決定されるのです。もし、あなたが十分な創造性と販売手腕、あるいは交換可能なものを持っていれば、お金がなくても何でも買えるわけです。そして利益とは、個々の実業家がほかでもない想像力を使って、新しいお金を創造することなのです。誰かがその利益を支払ってくれれば、銀行に入金されます。

税金とは、政府に支払うお金をかせぐために私たちは生産し、政府はそのお金で私たちが生産したものを買うという仕組みです――つまり、二度手間になっているのです。しかし、私たちのコミュニティーに必要なお金を、政府に印刷させるだけですませることもできます。つまり、税金なき政府を持つことはきっと可能なはずなのです。現在の政府は巨大な恐竜のように、農民や企業家を食い物にしています。政府の税金は貧しい者や民間企業、芸術、環境保護活動――枚挙に暇はないですが――

などなどを抑圧しています。幸いなことに、私たちは学校で、私たち自身が政府を所有しているのだと習ってはいます。だとしたら、どうして自分たち自身にこのような仕打ちをつづけているのでしょうか。それは、無知なためです。私たちが、お金や市民の権利について無知だからです。でも、もはや無知ではありません！　いまやあなたは目覚め、真実によって武装しはじめています。連邦準備銀行は私企業であり、それを所有している非常な金持ちどもは、国の借金が生みだす利息を貯めこみつづけています。あなたが無知でいれば、彼らは毎年、何十億ドルという利益をあげられるのです。あなたはいつまで無知でいるつもりでしょうか。いつまで国税庁の奴隷でいるというのでしょうか。もし国税庁に所得税を払っているのなら、あなたは無知な奴隷です。

今、生まれながらに与えられた権力と法的に保証された権力とを主張すれば、あなたは税金を廃止すると同時に、収入をたちまちに増加させられます。私たち人民はお金を印刷する権限を持った、お金の源泉なのですから、税金は完全になくせるのです。私たち人民は、国家の当座預金口座に年次予算を入金する許可を政府に与えられます。私たちが市民としての自然権を行使して、みずからに役立つお金の制度を作れば、税金など必要なくなるのです。お金を印刷する許可を、私たちが政府に与えればよいのです。そのかわり、私たちは政府に買わせるためのアイディア、物、サービスを提供しなければなりません。政府は私たち人民が生産したものを、人民から買うしかないのですから。

忘れないでもらいたいのです。アメリカ合衆国憲法は、その権力と権威を私たちから――そう、私たち人民から！――得ているのです。

以上の考え方について、ここでは短く概観しました（もっと知りたければ、手紙をください）。肉体の不死という主題からははずれた話に思えるかもしれませんが、私はそうは思っていません。公私両面において財務を支配できれば、私たちは無知を脱却しやすくなるからです。また、たえずお金を得ようと努力していれば死を引き起こすことになりますが、そのような影響からも解放されやすくなります。さらにはそれが、目覚めた市民として責任を果たすうえでの前提でもあるからです。

16章 結論：あなたは不死身となった——さて、そのあとは？

不死身になったあとは、美しい人間になる以外に私たちが目指すべきことはありません。ババジは美しい人間です。イエスは人間性を追及していました。彼はユダを破門することさえしませんでした。神のようになるとは、人道主義者になるということです。

まったく人間らしくあるということは、普通に身体の面倒を見るということ、すなわちマントラ・ヨーガ、水浴、意識的呼吸、正しい食事、運動、睡眠習慣、火との関係、満足のいく職業などを通じて、心身に健全な規律を与えるということです。また、神々しいほどに人間らしくあるとは、リラックスして、世界と穏やかな関係を築くということです。つまり、太陽や月や季節を楽しむということです。それはすなわち、できるだけエコロジカルに生きることを意味します。

人間らしくあるとは、親切心と忍耐をもって人々と暮らすことです。意識的な人間は、適切な態度でコミュニティーや政治に参加します。

聖なる人間であるとは、幼少期、思春期、青年期、家族生活、仕事、老年期など、人生の各段階を受け入れて楽しむということです。それは、人間存在の知恵を身につけることにほかなりません。人間の本性と戦わなくても、私たちは勝利できます。私たちはみずからを癒せるようになります。

最初の百年をきちんと生きる前に、次の百年を生きる必要はありません。人間として自然な境遇には美と善が満ちています。人生と世界は良きものなのです！　その二つは私たちが楽しみ、学ぶために神から与えられたものです。

聖なる人間であるとは、真実とシンプルさと愛に生きること——人に親切に接することです。それは、悪を拒むことを意味します。「非暴力を実践するとは、何もせずに不正を傍観していることではない」とババジは言いました。それは、関わることなのです。人が別の人を傷つけているのを傍観しているのは、やさしさではありません。非暴力を実践するとは、暴力を防ぐことです。防ぐためには、創造性と行動がなければなりません。

人類はみずからを感情的に癒し、神の本性を実現するための期間として、神や自然に五十年から百年を与えられています。そしてもし、誕生時のトラウマ（子宮内での意識や、幼少期の意識も含まれる）や両親による条件づけ、思考の誤用、無意識的な死の衝動、前世に起因するトラウマ、老化、教育や宗教によるトラウマなどから自分自身を解放できれば、私たちはおのずと不死身になれます。

心、風、火、水、地による、またほかの人や神との愛に満ちた関係による霊的浄化を習得すれば、私たちは不死身になります。では、私たちが最初の百年間の作業をうまくやり、美しく、自然な人間となったなら、そのあとには何が待っているのでしょうか。私たちは次の百年を手に入れるのです。

次の百年は、どう過ごすことになるのでしょう。

人間らしくあるのに、どうして不死身になるまで待たなければならないのでしょうか。いますぐに美しい人間になろうではありませんか。人間の経験を、覚醒にいたる至高の道と見なそうではありませんか。地球は完璧な学校です！　だからただ、そこにいればよいのです！

おそらくそれほどの知性を使わなくても、屋内配管や給湯設備、電気、暖炉などのそなわった家の維持費を払うことはできるでしょう。そのうえ、瞑想とプラーナヤーマを少しばかりやり、食事制限や火、また温水浴などを用いれば、誰もが不死身になれます。

文明を捨て去る必要などなく、それを少しばかり修正すればよいだけです。私たちは、人口爆発を抑えられます。また、環境を汚染しない自動車を造る技術を持っています。電気自動車は現実のものとなっているのです――それなのに、どうしてあなたはそれを使っていないのでしょう。

少しだけ禁欲することもまた、十分に人間らしいことです。ババジは二十五年から五十年のあいだ俗世間とまじわると、そこを離れ、次の二十五年から五十年は自然の中で、神への愛のみに生活を捧げることを楽しみます。俗世間以上に神を愛せるようになるまで、私たちはほんの少しずつ禁欲を味わってゆけばよいのです。そして、**神の臨在**を実践するのが究極の状態です！

私たちが憎しみを手放し、ただ愛するばかりになるには、五十年から百年はかかるかもしれません。豊かな人間になるとは、人を愛し、神を愛し、そして愛されるのを楽しむということです。しかし、私たちのほとんどは、何百年にもわたる霊的な、そして感情的な堕落によって害されています。それは何百回、あるいは何千回と生まれ変わらなければ解消できないほどの魂の汚染でしょう。それを癒すために必要な時間は、きちんとかけなければなりません。しかし、はじめるのが早ければ早いほど、人生はやさしく、楽しいものになります。もう惨めな人生をおくる必要などありません。霊的な覚醒と浄化とがその解決策となるからです。

肉体の不死は難しいことではありません。実際、それこそが最も楽しい生き方なのです。不死身のヨギ・マスターになる難しさなど、二十五年から五十年のあいだ家族を養い、子どもたちを大学にまでやる難しさと変わりません。同じ種類の集中力があれば足りるのです。不死身になるには、自分が元気になるような（ありふれているかもしれないが）きわめて楽しい習慣に集中し、死の習慣を避けるだけでよいのですから。だが残念なことに、私たちの死の習慣（たとえば、肉食など）は両親によってプログラムされ、正統的な宗教や、公的教育機関によって是認されています。

死の夢に生きる以外の選択肢とは、みずからの神の本性を確認し、健康や癒しに関して知恵を働かせ、責任を持つことです。自分で死を作り出していることを認められれば、自分で命を作り出すことを選べます。すなわち、自分の活力や健康を生み出す習慣を育てられるようになるのです。

肉体の不死と変容の双方にとっての最大の障害は、いつも同じです。すなわち、無知です。基本的に、それは自己に対する無知なのです。そこには哲学的無知、感情的無知、また、身体についての無知、自然についての無知などが含まれています。死を招く三大要因は、無知と感情エネルギーの汚染、そして貧しい食事です。

神、感情、身体、自然に対してまったく開かれた状態になれば、永遠の命を生み出せます。それは私たちの肉体ばかりか、私たちの家族や友人も含む、実質的な意味での永遠の命です。

肉体の不死の概念とともに生きれば、最も豊かな人生を送れます。それは喜びと平安と知恵に満ちた、完全に拡大した生です。**生命の光**に目を開いて生きるのと、神を知らず、人生の意味や身体について理解せずに闇と無知のうちに生きるのとではまるで違います。それは、死すべき運命にある存在と不死身の存在との違いです。私たちは永遠と調和しながら生きることもできますし、永遠を恐れながら生きることもできます。

元気でいるための秘訣は、もちろん神を愛することです。**神の臨在**を実践し、地、風、水、火、そして愛の霊的な行をしっかりとつづける人道主義者でいなさい。一言でいえば、これこそが永遠の命と肉体的活力の福音だと思われます。

ほとんどの宗教で広く信じられているのとは違い、肉体の死は天国や神への道ではないでしょう。おそらくそれは、光から逃げ去ることでしかありません。肉体の死は、真の信心を持たないでいるための言い訳であり、逃避なのでしょう。

しかしながら不死者たちは、肉体の不死を実現することは人生最大の目標ではない、と教えたり、説明したりしています。目標は、真実、シンプルさ、愛です。肉体の不死と変容は、この至高の目標の平凡な要素にすぎません。つまり、不死と変容は**真実**を例示しているだけなのです。

豊かな生とは、バランスを取ることです。地、風、水、火、そして心のバランスを取ることです。

創造と破壊のバランスを取ることです。蓄積と分配のバランスを取ることです。知性と経験のバランスを取ることです。浄化と汚染のバランスを取ることです。拡大と縮小のバランスを取ることです。不易と流行のバランスを取ることです。行為と無為のバランスを取ることです。活動と静止のバランスを取ることです。バランスを習得した者は身体、心、霊を制し、知恵と愛と恩寵のうちに永遠に生きられるようになります。

愛とは、ほかの人の否定的エネルギーを処理しようとする意欲です。汚れることなく世界と関われるのかもしれませんが、それが望ましいかどうかは私にはわかりません。

この本は決して完璧なものでも、網羅的なものでもありません。肉体の不死にまつわる初歩的で（望むらくは）価値のある概念のいくつかを紹介したにすぎません。四千年くらい前に、モーセはこう言っています。「私はあなたがたの前に生命の道と死の道を示したのだから、生命を選びなさい。そうすれば、地上での人生を楽しめる」と。そして私たちは、彼らがどちらを選んだかを知っています。

だが、肉体の不死を習得するのは、それほど難しいことではありません。死を生み出すとわかっている思考や習慣（喫煙、肉食、また正統的な宗教に参加することなど）を避け、身体の活力を増進するとわかっている思考や行為（瞑想、平安や知恵の探求、意識的呼吸、入浴、適切な食事と断食、火の浄化、生産的な仕事、愛に満ちた人間関係など）に慣れ親しむだけでよいのです。**神の臨在**を実践する、常識的でリラックスした、生産的な人間であることは、それほど難しくはありません。

死にいたるような悪しき思考の原因は、日々、神とつながっていないことにあります。貪欲さや憎しみ、無意識のせいで、緊張に満ち、バランスを欠いた生活を忙しく送りつづけているならば、私たちは自然と神を忘れ、身体を失いがちになります。

そのいっぽうで、肉体の不死を実現することは、私たちの魂の複雑さと同じようにやっかいでもあります。私たちは自分の心を抑制しなければなりません。両親から吸収した、すべての感情パターンを解消しなければなりません。前世のトラウマを癒さなければなりません。地球上での物質的体験に興味を持ちつづけるに足る、やりがいのある目標を選ばなければなりません。確かに、やるべきことはたっぷりあるのです！　神は私たちだけでなく、自分自身をも飽きさせないように、永遠のドラマを創造しました。だから、そのドラマに興味を失えば、神を超えた存在になれるだろう、などと考える人々もいます。

みずからを不死身の人間と考え、その考えを私たちの自己像に組み込むことが大切です。しかし、少なくとも三百歳になるまでは、自分が不死身である、という考えはあたっていません。三百年間の人生を習得するまでは、自分が不死身だと主張するのは現実的ではありません。実際には、不滅の光の身体を持ち、それを完全に自由に使いこなせてはじめて、現実的と言えるのです。

元素を使った簡単な霊的な行を実践すれば、人間の心と身体はつねに健康で軽くなっていくことを、私は年々実感しています。また自分の経験からわかることは、霊的な行は霊的な成功だけでなく、世俗的な成功をもたらすということです。

ババジはかつて、「私がみなを一日で癒してあげてもよいが、その場合、あなたたちは何を学ぶ、というのか」と言ったことがあります。

人生の過程とは、目的でもあります。人生の目的とは、知恵を身につけることです。エネルギーと思考と現存する物理的現実が持つ、知恵や価値を身につけることです。知恵とは、霊的な自立であると同時に相互依存です。単純さとはときに、人生の複雑さに身を任せることでもあるのですから。そして最高の知恵とは、私たちはみな神の一部でありながら、人間のドラマで演じているという認識なのかもしれません。

内側も外側も徹底的に見て、探求し、理解するべきです。すべてはここにあります！　絶望から抜け出して**演じるのです**！　不死者たちは、つねに私たちのドラマで演じています。宇宙という舞台で、あなたはいつ、彼らとともに演じはじめるつもりでしょうか。

不死身のヨギになる決心をすれば、あなたは今すぐに不死身になれます。難しいのは不死身でありつづけることです。そのためには明らかに、この選択を**永遠に今**、支配しているのでなければなりません。私たちはこの瞬間に、すでにマスターなのです。そして私たちに必要なのは、人生のマスターであることを忘れずにいて、このマスターとしての性質を次の瞬間、またその次の瞬間へと延長してゆくことだけなのです。

【著者プロフィール】

レナード・オァー（*Leonard Orr*）

多くの尊敬を集めているラム・ダス、フリッツ・パールス、ティモシー・リアリーなどと並んで、レナード・オァーも、私たちが現在「ニューエイジ運動」と呼んでいるものの元祖であり、先輩の一人だ。リバーシングの創始者である彼は、1950年代、ニューヨークはデラウェア・リヴァー地区で、改めて信仰に目覚めたキリスト教徒、そして聖書研究者として旅をはじめた。オァーはこれまでに、『ニューエイジのリバーシング』(*Rebirthing in the New Age*)『呼吸の気づき』(*Breath Awareness*)『主の天使、ババジ』(*Babaji, the Angel of the Lord*)『税なき政府』(*Government Without Taxes*) など、20冊の本を12ヵ国語以上で公にしている。また、彼が国際的に展開しているリバーシング運動は、6大陸で1千万人以上の役に立ってきた。

不死の探求

●

2009年8月25日　初版発行

著者／レナード・オァー

訳者／秋津一夫

発行者／今井博樹

発行所／株式会社ナチュラルスピリット
〒104-0061　東京都中央区銀座2-12-3
ライトビル8F
TEL　03-3542-0703　FAX　03-3542-0701
E-mail:edit@naturalspirit.co.jp
ホームページ http://www.naturalspirit.co.jp

印刷所／モリモト印刷株式会社

ISBN978-4-903821-50-4　C0011
落丁・乱丁の場合はお取り替えいたします。
定価はカバーに表示してあります。